生鲜电商
发展模式与运营研究

汪杰峰◎著

海洋出版社
2022年·北京

图书在版编目(CIP)数据

生鲜电商发展模式与运营研究 / 汪杰峰著. —北京：海洋出版社，2022.12
ISBN 978-7-5210-0997-2

Ⅰ. ①生… Ⅱ. ①汪… Ⅲ. ①农产品－电子商务－网络营销－研究－中国

Ⅳ. ①F724.72

中国版本图书馆 CIP 数据核字（2022）第 161452 号

总 策 划：刘 斌
责任编辑：刘 斌
责任印制：安 淼
排 版：海洋计算机图书输出中心 晓阳
出版发行：海洋出版社
地 址：北京市海淀区大慧寺路 8 号
（716 房间）
100081
经 销：新华书店
技术支持：（010）62100055

发 行 部：（010）62100090（010）62100072（邮购部）
（010）62100034（总编室）
网 址：www.oceanpress.com.cn
承 印：鸿博昊天科技有限公司
版 次：2022 年 12 月第 1 版
2022 年 12 月第 1 次印刷
开 本：787mm×1092mm 1/16
印 张：10.5
字 数：204 千字
定 价：88.00 元

前　言

农业在我国国民经济中处于基础地位，长期以来增产是主要目标。随着农业市场化进程的加快，产业的弱质性和低效性越来越明显，形成了难以解决的“三农”问题。以生鲜农产品为代表的“卖难”和“买贵”市场流通现象频繁发生，并且有不断加剧的趋势。生鲜农产品市场的这种供需现象严重影响了农业的发展，导致农民收益得不到保障、市场需求不稳定、产业发展后劲不足、民众生活水平提高较慢。

许多研究者针对生鲜农产品流通环节提出了解决方案，政府层面也有许多鼓励和保障性政策，然而，改善的效果并不明显。随着居民收入水平和营养保健意识的增强，消费者对生鲜农产品提出了由量的需求到更高的质的需求，使生鲜农产品市场供需矛盾更加突出。

中国互联网行业的发展已有将近30年的历史，如今，互联网行业本身已取得了巨大成就，与实体经济的连接规模也越来越大。其中，在农业领域的渗透已经成为其必然发展趋势，承载着重要的数据资源。互联网技术有优质、优化、高效、生态、安全的主要特点，其在生鲜供应链中得到广泛应用，给行业发展提供了便利与保障的同时，也得到了消费者的信赖。

本书对生鲜电商发展模式与运营进行了研究，共分为6章。第一章是对生鲜产品的概述，其中包括对生鲜产品的产销困局和电子商务市场配置作用的分析；第二章是对目前生鲜电商行业发展环境与现状的概括，阐述了当下行业的发展瓶颈；第三章是生鲜电商的商业模式类型分析，其中包括6种模式的具体介绍；第四章是生鲜电商的平台选择与运营；第五章是针对我国的典型生鲜电商平台运营进行分析；第六章是生鲜电商面临的挑战和机遇。

本书主要对生鲜电商发展模式与运营进行探讨，对生鲜电商行业的发展环境与现状及商业模式作了概论性的介绍，包括现阶段电商发展沿革、主要瓶颈、发展指导理论、电商模式和选择电商平台分析等，在对生鲜电商发展环境的了解基础上，更加深入地探讨不同电商选择平台、各大生鲜电商运营分析，以及在未来会面临的机遇和挑战，尽可能地让读者感受到信息化时代为人类提供的便利。本书力求内容翔实，理论方面深入浅出，图文对照分析，满足各个层次读者的需求。

在本书撰写期间，参考了大量关于生鲜电商发展的相关资料，也得到了许多专家和学者的支持、帮助和鼓励，在此表示真挚的谢意。当然，囿于个人学识水平，本书一定还存在许多错误之处，恳请读者提出宝贵意见。

作　者

2022 年 6 月

目　录

第一章　绪论……1

第一节　生鲜产品的产销困局……1

第二节　电子商务市场配置作用……5

第三节　生鲜电商发展的必然趋势……8

第二章　目前生鲜电商行业发展环境与现状……18

第一节　生鲜电商行业环境状况……18

第二节　生鲜电商行业发展现状……20

第三节　生鲜电商行业发展瓶颈……22

第四节　生鲜电商行业发展全产业链理论……24

第三章　生鲜电商的商业模式类型分析……43

第一节　生鲜电商商业模式概述……43

第二节　B2B 模式类型……44

第三节　B2C 模式类型……46

第四节　“订单农业”模式类型（C2F/C2B/CSA）……50

第五节　C2C 模式类型……51

第六节　微商模式类型……52

第七节　O2O 模式类型……55

第八节　前置仓模式类型……58

第四章　生鲜电商平台的选择与运营 ······62
第一节　生鲜电商平台与运营概述 ······62
第二节　生鲜电商淘系平台开店及运营 ······68
第三节　生鲜电商京东开店及运营 ······77
第四节　生鲜电商微店开店及运营 ······84
第五节　生鲜电商社区团购运营 ······90
第六节　合适的生鲜电商平台选择 ······101

第五章　我国典型生鲜电商平台运营分析 ······115
第一节　“盒马鲜生”运营分析 ······115
第二节　“每日优鲜”运营分析 ······117
第三节　“多点生活”运营分析 ······119
第四节　“中粮我买网”运营分析 ······123
第五节　其他电商平台运营分析 ······126
第六节　生鲜电商平台运营策略 ······129

第六章　生鲜电商面临的挑战和机遇 ······132
第一节　生鲜电商发展的历史机遇 ······132
第二节　生鲜电商国际发展借鉴 ······137
第三节　生鲜产品的风险评价 ······138
第四节　生鲜产品的质量保障 ······146
第五节　生鲜电商的信任机制建立 ······147

参考文献 ······157

第一章　绪论

随着网络经济的迅速发展，我国电商发展与生鲜产品市场融合程度加深，两者之间互相影响、互相作用，其中也出现了新的问题。电商发展摸索阶段系统不够完善，导致花费了大量的人力和物力，运输配送也不完善；快速发展阶段又出现了各种电商平台，在销售和信用方面也需要每个电商平台的共同努力；而如今成功转型，更加成熟地发展。

第一节　生鲜产品的产销困局

一、生鲜产品市场流通问题

我国生鲜产业发展较快，以水果类、肉类、奶类和水产类最具代表性。从生鲜产品代表角度观察，在近40年的农业产业结构调整中，水果和蔬菜的种植面积翻了几倍，并持续增加。水产类人工养殖量已超天然生产量。

生鲜产品生产与市场需求密切相关。因经济发展、人们生活水平提高，进而推动生鲜市场快速扩张。在市场快速扩大后，却出现投资浪费、总量失衡、结构矛盾，农业种植和养殖户频繁出现“卖难”现象，给农民和企业带来了巨大的经济损失；在城镇消费市场上，生鲜产品物价居高不下，给普通家庭和低收入人群造成不小的影响。另外，食品安全问题层出不穷，在生鲜产品领域中暴露的问题越来越多。改变生鲜产品市场的状况，使产业进入良性循环，已经成为亟待解决的问题。

目前，我国生鲜产品市场机制中，流通业发展相对滞后。首先，生鲜产品流通交易方式为典型的短期行为，市场机构力量弱，生产与消费割裂，产需信息传导不畅，消费无法直接引导生产，生产难以及时调整。以小农户为主的市场交易主体，在面对以价格为主的市场波动时，基本不具备抗风险能力，由于产业链不稳定，未形成利益共同体，只能受市场力量的侵蚀。其次，传统生鲜产品流通交易成本较高，由于流通环节多、时间长，生鲜产品物流基础差，带来储运中大量的损耗；从业人员基本素质差，对设备和技术的掌握不够，不规范的操作增加了损耗，推高了费用和成本。有统计显示，水果类和蔬菜类生鲜产品，在不规范的流通环节中损耗率高达 25%~30%。产品标准化程度低，常温运输、储运和零售后，过程费用占到总成本的 70%。最后，我国冷链物流基础建设不完善，无法满足生鲜产品的储运要求。生鲜产品极易腐烂，降低了产品的品质，而且生鲜品种繁多，对温度和包装等要求各不相同，从而增加了运输仓储的复杂性。

二、政府对生鲜产品流通的重视

生鲜产品市场机制落后，制约着整个生鲜产业的快速发展，严重影响“三农”问题的解决进程。2004—2020 年的 11 个“一号文件”中都明确提出搞活生鲜产品流通的政策。

在这些“一号文件”中，现代物流、电子商务、生鲜产品冷链系统等关键词频繁出现，可见中央对生鲜行业改革的重视程度。2005 年，中央提出鼓励发展现代物流、电子商务等新型业态和流通方式，建设以冷藏向低温仓储运输为主转变的生鲜产品冷链系统，开通整车运输生鲜产品的绿色通道。2006 年，中央提出加强农村现代化流通体系建设，完善全国生鲜产品“绿色通道”网络互通。2007 年，中央提出建设生鲜产品流通设施和发展新型流通业态，切实落实生鲜产品运输绿色通道政策。2008 年，中央提出加快落实生鲜产品绿色通道省内外车辆无差别减免通行费政策。2009 年，中央提出重点扶持生鲜产品生产基地与大型连锁超市、学校及大型企业等产销对接，减少流通环节，降低流通成本，完善全国生鲜产品绿色通道政策。2010 年，中央提出并再次强调健全生鲜产品市场体系，完善全国生鲜产品绿色通道政策。2012 年，中央提出支持邮政物流、粮食流通、大型商贸企业等参与生鲜产品批发市场、仓储储存体系的建设经营；发展生鲜产品连锁配送物资中心，支持建立一体化冷链物配体系；发展生鲜产品电子商务等现代交易方式。2013 年，中央提出大力培养现代流通方式和新型流通业态，发展生鲜产品网上交易。2014 年，中央提出完善生鲜产品冷链物流体系，加强生鲜产品电子商务平台建设。2015 年，中央强调生鲜产品配送创新方式。建好骨干网，以提高生鲜产品的流通。提高生鲜产品物流设施建设的进度；在产地加强市场建设，加快跨区域冷链物流体系的建设，继续深入开展公益性生鲜产品批发市场试点建设，促进合作社和超市、学校、企业、社区对接，整顿乱收费，发展生鲜产品期货，开发新品种，支持电商、物流、贸易、金融等企业建立与农业相关的电子商务平台，进行电子商务进农村综合示范建设。2016 年，中央提出加强商贸流通、供销、邮政等系统物流服务网络和设施建设与衔接，加快完善县、乡、村物流体系。建立健全适应农村电商发展的生鲜和农产品质量分级、采后处理、包装配送等标准体系。2017 年，中央提出促进新型农业经营主体、加工流通企业与电商企业全面对接融合，推动线上线下互动发展。加快建立健全适应农产品与生鲜产品电商发展的标准体系。支持农产品电商平台和乡村电商服务站点建设。2020 年，中央提出加大力度建设粮、棉、油、糖等大宗农产品仓储设施，完善鲜活生鲜及农产品冷链物流体系，支持大型涉农企业投资建设农产品物流设施。

从十几年间中央“一号文件”的变化中不难看出，在生鲜产品政策上，由流通环节政策逐步扩大到全产业政策；从一般性政策引导逐步发展为科学、有机的可操作型政策。面对生鲜产品市场的问题，提出了明确的解决方案，在可实施的政策手段上，种类逐渐变多，科技含量逐步加大，重视程度逐步加强。

在对生鲜产品市场缺陷进行政策干预的背景下，提出对生鲜产品流通模式和效率进行研究，分析生鲜产品流通模式演进的内在机制和外在影响因素，对我国生鲜产品流通模式的演进过程和流通效率进行评价，能够为我国生鲜产品的产、供、销提供有益帮助。

三、生鲜产品对民众生活的重要性

（一）生鲜产品是民众生活的基本需要

随着我国人民不断改善饮食质量，对生鲜产品的要求是数量更多、质量更高。生鲜产品作为人民基本生活的组成部分，是稳定市场的重要因素。

在生产供给方面，2020 年，我国蔬菜总产量 7.49 亿吨，人均占有量约 535 千克；水果总产量 2.87 亿吨，人均占有量约 205 千克；水产品总产量 6549.02 万吨，人均占有量约 46.7 千克；肉类总产量 7748.38 万吨，人均占有量约 55.3 千克。从总量上来看，基本处于世界领先地位，但是在人均占有量和品种结构上与世界平均水平相比还有很大的差距。

在品种方面，以前以土豆、白菜、萝卜“老三样”为主的情况得到彻底改变，现在我国常年流通的蔬菜就有 14 大类 150 多个品种，另外，还有大量的水果、水产品、肉、禽、蛋、奶及其他生鲜产品。

在消费需求方面，在人均可支配收入快速增长的拉动下，2020 年，我国城乡居民家庭恩格尔系数分别为 29.2%和 32.7%，主要人群处在小康生活阶段。与发达国家相比，我国居民的食品支出比重较大，这与生鲜产品生产与流通建设有重要关系。民众对饮食提出了更高的要求，既要求生鲜产品有较高的质量，又要求有较高的新鲜度。数量如此巨大、种类如此丰富、质量如此高的消费需求，急需通过加强生鲜产品流通体系建设来满足。

（二）合理配置资源，促进农民增收

加强生鲜产品流通体系建设，向流通要效益，可以为农民增收提供广阔的空间。据统计，“农超对接”比传统经纪人收购价高出约 10%；通过流通引导生产，充分发挥“消费决定生产”的市场机制作用，完善生鲜产品市场体系和价格形成机制，加强产销衔接关系，发展订单农业，有效地减少生产的盲目性，促进农业现代化。目前，我国有近 3.2 亿劳动力靠农业为生，农民纯收入的 49%左右来自农业生产。2020 年，仅蔬菜生产就为全国农民人均纯收入贡献了 1300 多元。

（三）完善市场调控

近年来，我国居民消费价格指数多次出现持续大幅度上涨，生鲜产品及其制成品价格上涨是重要因素之一。根据 Euromonitor 数据显示，2019 年国内生鲜零售市场总额达到 4.98 万亿元，同比增长 5%；2020 年市场规模超过 5 万亿元，2014—2020 年 CAGR 为 4.6%，呈稳步增长态势。2020 年我国菜市场零售规模为 3.08 万亿元，受 2020 年年初疫情影响，2020 年我国菜市场零售规模增速虽然仍保持正向增长，但相较于前几年来说，增速处于较低水平。生鲜产品价格频繁剧烈波动，对居民消费价格指数影响非常大，在一定程度上增加了宏观调控的难度和压力。加强生鲜产品流通体系建设，一方面可以完善平稳产销运行、保障市场供应的长效机制，切实提高保障生鲜产品稳定均衡供给的能力，防止生鲜产品市场价格大起大落；另一方面可以通过区域内循环和跨区域调运，有效地缓解局部地区丰收增产、集中上市导致的区域性生鲜产品过剩，保障在发生自然灾害等突发紧急状况时的生鲜产品供应，充分发挥调剂余缺、稳定市场的重要作用。

第二节 电子商务市场配置作用

随着科技进步和生产力的不断提高，商务活动可借助的技术和工具也不断改进，尽管商务活动的目的没有变化，环节没有减少，但是活动的方式和效率却发生着飞速的变化。传统商务活动以大量的直接或间接的物理交换或物理接触来完成，尤其以纸面交易方式为主。这给交换带来信息不完善、时间耗费长、成本高、库存和产品积压、生产周期延长、客户服务有限等局限性。因此，商务活动者一直在寻求新的、高效率、低成本的新工具和新方式。在历史上，如帆船、印刷术、蒸汽机、电话、无线电等新工具无一不对商务活动产生过巨大的推动作用。当21世纪网络科技到来之时，实体经济之外又增加了虚拟经济，它正是数字经济重要性的体现，数字经济必将推动生产力的发展，也将最大限度地改变商务活动的方式。

一、电子商务促进技术进步和经济发展

数字化革命和企业适应商业环境变化共同推动电子商务的发展，或者说，电子商务的出现是技术进步和经济发展的必然结果。

首先，电子商务所需要的基础技术能够满足商业应用，信息发布的基础设施和网络多媒体技术等，尤其是以互联网为基础的多种网络标准接入技术的应用，无论是在经济性和广泛性、交易中的安全性、交易涉及的支付工具和各种设备，还是目录生成软件方面都具备普遍性、可用性。

其次，在应用人才培养、相关政策、支持服务技术和企业应用方面协调发展。企业间通过电子商务平台建立多种合作和交易方式，物流、支付和安全系统等支持技术广泛应用，以网络营销、广告和市场调研为代表的大数据业务推动市场预估、电子商务相关法律和规范逐步完善，网络隐私和税收正在得到重视，与平台建设相关的各领域人才较好地得到综合应用。

最后，电子商务应用正在向社会生活的每一个领域渗透。由基本的销售扩展开来，形成网络金融、物流管理、社区服务、移动商务、在线服务业等应用方式，随之产生了许多新的商业模式，在各种模式的推动下提高资源配置和交换的效率，如生产企业在在线直销模式下，可以大量减少中间流通环节，提高供应链的增值幅度。同时，准确的消费需求可以反映到生产企业，成为企业启动生产的指令。

从市场基本功能来分析，通过电子商务市场上交易主体、电子市场、交易事

务、信息流、资金流、商流和物流等要素交织，将匹配买方和卖方功能与市场交易有关的信息、货物、服务交换及付款等所需的支持功能和管理规范上的制度约束功能更加有效地发挥出来。电子商务正有效整合人力、技术、生产与资本等社会资源，并日益成为社会资源配置的重要方式和手段。

二、电子商务促进贸易结构调整

为推动经济快速发展，我国一直以出口导向作为基本贸易政策，形成出口驱动型经济，其对经济发展产生显著拉动效果，随之形成庞大的制造业基地。在一系列沿海城市和南方发达省、市，制造业已经成为强有力的经济支柱产业。但是，我国资源承受能力以及国际经济形势都让这种政策面临严峻挑战。我国电子商务交易额自 2011 年来快速上升，近年来增速逐渐放缓。到 2018 年中国电子商务交易额达到 31.63 万亿元，同比增长 8.47%；2019 年中国电子商务交易额为 36.8 万亿元，同比增长 16.35%。

依托世界制造业基地优势，充分发挥我国电子商务快速发展的大好形势，以继续保持贸易大国地位，已经上升为国家战略。2021 年 3 月，国务院办公厅发布了《国务院关于落实<政府工作报告>重点工作分工的意见》，内容包括实行高水平对外开放，促进外贸外资稳中提升，稳定加工贸易，发展跨境电商等新业态新模式，支持企业开拓多元化市场等。

三、电子商务优化要素结构

在不同社会阶段，推动经济发展的要素组合是关键，如土地、资本，以及现代的技术和商业模式。在信息经济时代，电子商务日益成为社会资源配置的重要方式，无论是传统企业还是个人创业者，都可以通过外包、采购、战略合作等方式，与供应链不同环节的合作伙伴建立广泛而紧密的联系，有效整合人力、技术，生产与资本等社会资源，高效率地为客户提供产品和服务。电子商务的这种作用集中体现在其对全社会信息流、资金流、物流以及劳动就业的巨大影响上。

从社会信息流来看，目前，全社会绝大多数大、中、小型企业生产、提供的产品与服务都已经或正在进入电子商务系统，特别是进入几个综合型电商平台以及垂直电商平台，而电商平台的这些信息又通过市场营销策划，各类媒体、广告、用户评论等途径进入其他网络交流渠道，影响社会民众认知。电商平台所积累的电子商务交易相关信息已经达到 TB、PB 级别，需要通过云计算手段应用大数据分析技术才能从中发现有价值的信息。电商平台成为引导社会物质财富流向、配置社会资源的重要信息源泉。

从资金流来看，近年来，电子商务交易额在社会消费品零售额中所占的比例不断提高，2021 上半年全国网上零售额达 6.11 万亿元，同比增长 23.2%，两年平均增长 15.0%；其中，实物商品网上零售额 5.03 万亿元，同比增长 18.7%，两年平均增长 16.5%，占社会消费品零售总额的比重为 23.7%，较年初提升 3 个百分点，对社会消费品零售总额增长的贡献率达 20%。目前，这个比例还在快速增长。随着 O2O 等模式的日益成熟，通过电子支付方式发生的电子交易数量将在社会消费品零售额中占据主要份额。

从物流来看，在电子商务信息流的引导下，全社会物流渠道与形式都在发生重大的改变，物流业的需求结构、地区结构、行业结构、品种结构、企业结构和服务结构等都在加快调整的步伐，以适应当前电子商务快速发展的需求。

从劳动就业来看，电子商务平台以及以其为核心的电子商务各服务行业，需要大量各种各样的人才。

2020 年，中国人民大学劳动人事学院发布《阿里巴巴全生态就业体系与就业质量研究报告》，根据该报告测算，2019 年阿里巴巴经济生态共蕴含就业机会 6901 万个；其中，淘宝等电商平台共带动就业机会近 5000 万个，相比较前一年增长近 900 万个。国家统计局发言人表示，直播带货、网络零售等增加了新型就业，对稳定就业发挥了重要作用。此前商务部也曾表示，直播带货成为电商发展的新引擎。借助电商和直播，农民变身“新农人”、手机成“新农具”、直播成“新农活”。数据显示，淘宝“村播计划”启动一年以来，带动了 5 万多新农人加入直播行业。

当前，电子商务对社会资源配置的基础性作用尚未充分体现出来。随着信息化应用的不断普及，人类社会的绝大多数商务活动都将转移到移动电商平台之上。

四、电子商务区域结构调整功能

一是电子商务的扁平性特点对城市空间规划建设带来影响。电子商务突破空间和时间的限制，使交易可以在任何时间、任何地点进行，从而大大提高了效率。根据 CNNIC 第 48 次中国互联网发展状况调查，截至 2021 年 6 月，我国在线办公用户规模达 3.81 亿，较 2020 年 12 月增长 3506 万，网民使用率为 37.7%。在线办公细分应用持续发展，在线视频/电话会议、在线文档协作编辑的使用率均为 23.8%。一方面，随着企业数字化转型不断推进，以在线办公为代表的灵活工作模式将持续创新发展。另一方面，随着以 5G、大数据、物联网、人工智能等为代表的新型基础设施建设的不断加快，在线会议、文档编辑等在线办公服务的响应速度、存储能力、功能适用性等服务性能将不断提升。

二是促进地区经济协调发展。电子商务本身虽然也是一个经济技术现象，但是与其他技术应用普及不同，电子商务对地方经济发展日益发挥一种综合、通用化、普遍的促进作用，对缩小区域经济发展水平差异具有特别的促进作用。电子商务从两个层面促进地区的经济发展。首先是促进区域电子商务应用。企业要生存发展，必须与国内其他企业建立业务联系，在经济发达地区日益通过信息化和电子商务途径开展业务的大背景下，全国其他各地的企业，无论是中部还是西部，都必须跟上这个潮流才能得到发展。其次是在国家加大基础设施建设、电子商务日益成为推进国家信息化发展的主导力量的情况下，其对区域经济发展的促进作用将日益显著。在不断渗透地方经济的过程中，电子商务服务业将有力地引导各地现代服务业的发展，并日益完善区域经济发展环境，为推动地区经济发展打下良好的基础。在这方面，快递物流业、金融支付、IT 服务将得到优先发展，并直接带动当地就业，促进地方经济发展。在国家信息消费战略的促进下，电子商务将通过上述两个层面对地方经济发展产生更加重大的促进作用。

第三节 生鲜电商发展的必然趋势

一、我国生鲜电商发展历程

生鲜电商在我国一经兴起便受到电商企业和消费者的极大关注，随着电子商务的进一步发展和人们消费习惯和观念的转变，生鲜电商以惊人的速度发展起来，其在生鲜市场的渗透力逐年提高。我国的生鲜电商发展大致可以分为探索启动期、快速发展期和转型升级期三个阶段，如表 1-1 所示。

表 1-1 我国生鲜电商发展历程

	探索启动期（2005—2011 年）	快速发展期（2012—2015 年）	转型升级期（2016 年至今）
经营种类	以水果为主、蔬菜为辅	仍以水果为主，蔬菜、花卉、肉蛋奶、水产海鲜等品类逐渐增加	水果、花卉、肉蛋奶、水产海鲜、蔬菜全品类

续表

	探索启动期（2005—2011 年）	快速发展期（2012—2015 年）	转型升级期（2016 年至今）
发展特点	以地域性垂直电商为主，发展较为缓慢	生鲜电商获得大量资金注入，大型电商平台细分为生鲜电商品类，资本向头部电商集中，生鲜电商市场高速发展	一批中小型生鲜电商企业倒闭或被并购，腾讯、阿里等电商巨头入局，不断加大冷链物流和生鲜供应链投资，并带来一系列的创新发展模式
主要商业模式	城市中心仓模式	城市中心仓模式、前置仓模式	城市中心仓模式、前置仓模式、前店后仓模式、社区拼团、冷柜自提等
代表企业	易果生鲜、沱沱工社、菜管家、优菜网、中粮我买网等	本来生活网、天猫生鲜、京东生鲜、永辉超市、顺丰优选、多点 Dmall 等	盒马鲜生、每日优鲜、京东到家、7FRESH、美团买菜等

（一）探索启动期（2005—2011 年）

2005 年，国内首家生鲜电商——“易果生鲜”在上海成立，其一开始就致力于向注重生活品质的都市中高收入家庭提供精品生鲜食材。“易果生鲜”网购平台的建立标志着我国生鲜电商开始起步，是 B2C 生鲜产品电商在国内的最早尝试者。

2008 年，垂直生鲜电商平台“沱沱工社”面世。为了保证生鲜产品的质量，“沱沱工社”斥巨资在北京平谷自建了上千亩的大棚，种植有机蔬菜。为了保证有机蔬菜的新鲜，自建农场后需要一个有效的配送机制，“沱沱工社”又投资建立自营配送中心和冷链物流体系，打造了一条全产业链。

2010 年，“菜管家”电子商务有限公司在上海成立。依托广泛的农业基地联盟和强大的物流配送实力，“菜管家”迅速成为农产品电商 B2C 领域的佼佼者。同年，“优菜网”在北京上线。“优菜网”创造了一种“像送牛奶一样送菜”的新电子商务模式，并通过预订、定时配送和集中配送等低成本运作方式，让低客单价的生鲜电子商务成为可能。

2011 年，“中粮我买网”的全程冷链——生鲜频道上线，同年“淘宝网”也设立了生鲜电商销售频道。

2009—2011 年，我国涌现出一大批生鲜电商企业。这一阶段的生鲜电商主要采用传统电商的订购配送模式，网站多为 B2B 或者 B2C 形式的垂直电商模式，品类也以水果为主、蔬菜为辅，但是生鲜电商的优势并不突出，线上商城通过多头对接生产基地，自建物流实现配送，电商运营环境也不成熟，客户难以大规模触达，加之过多的生鲜商家进入这个行业，导致了行业泡沫的产生，最终许多生鲜电商倒闭。

（二）快速发展期（2012—2015 年）

2012 年被视为生鲜电商迅速发展的元年。这一年，起航于北京的“本来生活网”凭“褚橙进京”营销一举成名，接着又发起“京城荔枝大战”，这两大经典营销事件吸引网购一族加入生鲜电商消费大军，迅速引起社会资本的关注，并掀起了一轮投资热潮。同年，“顺丰优选”以及京东商城的生鲜频道也上线运营。

2013 年，“顺丰优选”发挥其物流优势，与阳澄湖大闸蟹和锡林郭勒草原羊建立直采渠道，开始以自营模式试水生鲜业务；2014 年，“顺丰优选”的京东商城旗舰店正式上线，同年，天猫也加入生鲜电商阵营；2015 年以“农改超”经营生鲜产品著称的永辉超市入驻“京东到家”，自建生鲜仓储物流中心，打造垂直电商供应链，将永辉的存货和仓储与京东众包物流相结合，突破了生鲜销售“最后一公里”的物流效率限制。

移动互联网的快速发展也让生鲜电商拓展了更多商业模式。伴随着人们网购消费理念的增强，生鲜电商被认为是电商领域的最后一片“蓝海”，因此，在大量资本的涌入下，产生了一大批生鲜电商企业。

这一时期的电商企业大部分都在线上或线下具有较好的资源优势，“沱沱工社”“菜管家”“顺丰优选”等生鲜电商均获得大量资金注入。在资本的强势助推下，生鲜电商行业进入了快速发展期，最多时国内独立生鲜电商平台超过 4000 家。《2014—2015 年中国农产品电子商务报告》显示，2013 年，全国生鲜电商交易规模达到 130 亿元，同比增长 221%。2014 年，全国各类涉农电商达 3.1 万家，生鲜电商交易规模达到 260 亿元，相较于 2013 年增长 100%；2015 年，生鲜电商交易规模达到 497.1 亿元，同比增长 80.8%。

随着 O2O 模式走热，垂直 B2C 生鲜电商又发现了新机会，众多 O2O 生鲜平台随之诞生，如社区 001、多点 Dmall、许鲜、一米鲜、每日优鲜等。此时的生鲜电商销售品类仍以水果为主，肉蛋奶、花卉、蔬菜、水产海鲜等品类逐渐增加。

（三）转型升级期（2016 年至今）

早期的 O2O 模式由于客户群体定位不准、模式难以快速复制、经营规模受限等原因，经历 2015 年的高潮期后，在 2016 年迎来洗牌期：一边是一大批中小型生鲜电商企业倒闭或被并购；另一边是腾讯、阿里等电商巨头入局，不断加大冷链物流和生鲜供应链投资，并带来一系列的创新模式，如“每日优鲜”通过前置仓模式打造护城河。与此同时，生鲜电商市场向“京东到家”和阿里的“喵鲜生”“盒马鲜生”等主流电商集中，入口向移动端集中，产品方面不断升级进步，消费人群也在不断增加。艾瑞咨询的报告显示，2017 年中国生鲜电商销售额较 2016 年增长 80%，2018 年生鲜电商市场交易规模突破 2000 亿元。2019 年，因面临长期亏损及融资难等问题，生鲜电商发展逐渐归于“平静”，从疯狂扩张步入战线收缩调整阶段。2020 年受新冠肺炎疫情影响，消费者对于生鲜电商的需求急剧增长，生鲜电商又迎来了新的发展机遇。随着社区拼团、直播带货、门店到家等创新模式的不断涌现，生鲜电商又开始了新一轮的竞争。

回顾我国生鲜电商的发展历程可以看到，其市场交易规模随着互联网发展以及冷链技术的不断完善，总体呈现逐年增长态势，但中间起起落落，经过 15 年的发展并没有沉淀下来，行业发展依旧起伏不定，整体仍有很大的探索空间。

二、生鲜电商困境分析

（一）生鲜电商困境的本质

生鲜电商困境的本质源于“生鲜”和“电商”两个特征的加总。相比于一般工业产品电商，生鲜电商发展难度更大；相比于生鲜产品传统销售渠道，生鲜电商的发展又面临新的困境。因此，分析生鲜电商困境的本质，首先要从生鲜和电商这两方面的主要特征着手，通过与一般工业产品和生鲜产品传统销售渠道的对比，发现生鲜电商的特殊性，探寻制约生鲜电商发展的因素。

1. 生鲜产品与一般工业产品特征比较

生鲜电商发展困境首先来自生鲜产品的固有属性。下面从生产、储存和消费三个方面对生鲜产品和一般工业产品主要差异进行对比，如表 1-2 所示。

表 1-2　生鲜产品与一般工业产品特征对比分析

主要环节	对比类型	生鲜农产品	一般工业产品
生产	生产分布	分散	集中
	生产技术门槛	低	高
	生产标准化	困难	容易
	生产定制	困难	容易

续表

主要环节	对比类型	生鲜农产品	一般工业产品
储存	仓库储存	困难	容易
	运输储存	困难	容易
	货架期	短	长
消费	体验需求	高	低
	品类可替代性	强	弱

生产、消费、储存分别代表商品的供给端、需求端和供需连接方式。

（1）生产环节：一般工业产品是工厂集中生产、流水线装配，相比之下，我国生鲜产品大多是由分散的小生产者通过自有自然资源进行生产，具有高度分散、生产技术门槛低、标准化程度不强、自然风险较大等特点。同时生鲜产品在收购时，通常是按照重量、尺寸、外形等易观测的外部标准进行分类的，以内在特征为标准分类方法的成本较工业产品要高，产品品质不稳定，同时定制难度也较大。

（2）存储环节：相比一般工业产品的单一场地存储需求，生鲜产品对存储有着更高的要求。生鲜产品普遍易腐易烂，部分农产品还会释放乙烯，对同仓其他农产品产生影响，因此对场地、通风和低温要求都很高，其货架期普遍较短。

（3）消费环节：与一般工业产品不同，由于生鲜产品生产品质的不稳定，使终端消费者有更强的线下体验需求。同时与一般工业产品的必需品属性强、总体需求价格弹性较小特性相比，生鲜产品供给受地理位置、环境气候影响较大，单一生鲜产品具有许多相近的替代品，导致需求价格弹性大，例如，当苹果价格高时，消费者可以选择同期不同种类的水果替代，导致经营单品类生鲜产品的农户或电商企业有较大的经营风险。相比于一般工业产品，生鲜产品的较大价格波动主要集中于供应端，所以对供应端的稳定性要求更高。

由于生鲜产品本身的特征，导致在生产环节中生产端门槛低，供给稳定性差，难以通过品质和功能的差异化扩大市场，也难以制造价格歧视获取消费者剩余；在存储环节中，物流成本高，存储风险大；在销售环节中，销售单一品类生鲜产品的非综合性电商平台，在销售时很难具有卖方市场，同时对线下体验要求较高。

2. 电商与传统销售渠道比较

生鲜电商的困境也来源于电商这一销售渠道本身。生鲜产品传统销售渠道中，农产品经纪人从分散的生产者手中收购农产品，再经过各环节的集散市场运往地方商超和农贸市场，这中间的环节也会随着地方经济发展和产业形态的不同而有所增减。随着信息技术的发展，众多农产品经纪人转型成为地方电商经营者，在自建平台的同时也承接来自主流综合电商平台的订单。各类电商平台相互竞争、兼并，主流电商平台也在尝试直接跨过地方电商平台与分散的农户直接联结，通过向生产者收购、吸引加盟，直到实现自主生产，如图 1-1 所示。两者最明显的区别就是电商大大压缩了中间环节。

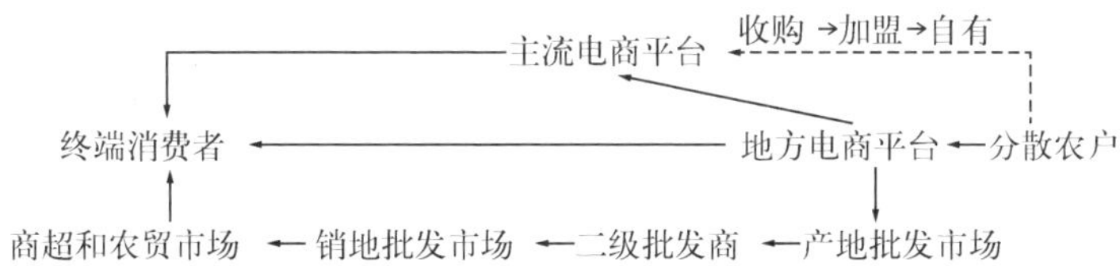

图 1-1 生鲜电商渠道和传统渠道的比较

生鲜电商销售中间环节的大大压缩是一把“双刃剑”。相比于电商渠道，传统销售渠道的中间环节较多，流通时间长、成本高，但当产品市场价格变化较大时，供应链中任意一个环节受到的冲击都能被其他环节共同分担，总体稳定性较好。当电商压缩大量中间环节之后，电商平台集中了多个环节的风险，更容易受到市场风险和生产波动的影响。产业链的缩短意味着电商平台功能需求的增加，随着主流电商企业对全产业链的进入，其运营成本会大幅度上升，如果经营产品毛利不足，高昂的运营成本会使电商平台特别依赖外部资金。此外，电商平台对基础设施的需求也较高。相比于传统渠道较为完善的仓储建设，主流电商平台会将订单外包给地方电商平台发货，此举措也会提高运营成本。另外，电商提供给客户的体验感要弱于纯线下的传统渠道，这类产品在缺少电商平台重点推送的情况下很难让消费者首次选购，获客成本高，并且一旦产品出现问题，很容易导致回购率降低，如表 1-3 所示。

表 1-3 电商与传统销售特征比较

特 征	电 商	传统渠道
中间环节数量	少	多
供应链稳定性	不稳定	比较稳定
渠道运营成本	高	低
基础设施供给	有待完善	较为完善
产品规格要求	范围小	范围大
消费体验程度	弱	强

（二）生鲜电商困境的表现

通过将生鲜产品和一般工业产品特征以及生鲜电商销售和传统销售进行比较，并结合相关行业调查和经验，发现生鲜电商发展困境主要表现在以下几个方面：

1. 生鲜电商品牌不易打造

品牌建设是现代商业活动的核心之一，而生鲜电商品牌塑造难度较大。传统品牌关系理论和深层品牌关系理论都认为，品牌不但包含了单一品牌与自身利益相关者的关系，也包含了该品牌与市场中其他品牌的关系。它可以通过降低搜寻、信息和决策监督等成本，进而降低整体交易费用，提高企业效益。而在生鲜电商中，通过品牌降低交易费用的功能体现得相对不明显，而实现这一功能所要付出的成本更高。

对生鲜电商而言，其品牌主要是电商平台及其经营的具体生鲜产品。从品牌对生鲜产品的代表性上来看，难以实现标准化生产的特征使电商对生鲜产品的质量难以把握。如果生鲜电商对产品的筛选标准设定过低，则品牌无法起到帮助客户降低搜寻、信息、决策监督等交易成本的作用；而如果生鲜电商对产品的筛选标准设定过高，会降低产品的合格率，增加产品的收购成本。从品牌对电商平台的代表性来看，电商平台主体希望扩大生鲜品类的经营范围，而电商缺乏线下体验的劣势和生鲜产品质量不稳定的特征，使企业在扩大经营范围后面临更高的风险。例如，一些产品的形态稳定、储存性强，为平台建立了良好的品牌信誉。但生鲜产品在正常损坏或消费者操作不当的情况下出现损坏，都会影响电商平台的整体声誉。生鲜电商在产品品牌建设上的高成本和在平台品牌建设上的高风险，都对生鲜电商平台的品牌建设产生阻碍作用。

2. 生鲜电商经营成本过高

无论是个人借助电商平台经营，还是电商平台自营，整个产业链相较于一般工业产品电商普遍偏高的经营成本主要来源于储藏、包装和物流。在储藏方面，首先，因对生鲜产品“新鲜”的要求，需要较高的通风和低温条件，而通风和冷藏设施的物料及电费等投入都会增加经营成本。其次，无论是产地储藏还是负责“最后一公里”的销售地，都需要支持储藏设施的建设。但冷库是间接作用于农业生产的商业设施，既难以获得建设用地指标，也不能建设在农业用地之上。处于下游的主流电商平台在生鲜产品产地建设冷库的成本很高，无论是选择自建还是租用，都需要与地方电商企业在利润空间上进行博弈。生鲜产品经营的高成本不仅表现在储藏的各个环节上，还体现在包装上，如海鲜、杨梅等产品需要冰袋、气调等保鲜措施，这些都是生鲜电商必须负担的成本，其单件利润低，成本较为固定。另外，生鲜电商对冷链物流的依赖性很强，并且快递费用很高，特别是“最后一公里”的配送非标准化以及对配送时间的高要求导致其快递费用居高不下。一些小规模电商平台和偏远地区，缺乏全季节产品，产业规模小，导致电商平台或者物流不能全年运营，从而缺少议价能力，运费单价的提高导致电商成本上升，又会加大电商发展的难度。

各环节成本的提升和经营范围的扩大，使生鲜电商的管理风险增加，导致生鲜电商以极低的毛利润来支撑高昂的运营成本，生鲜电商运营必须依赖外来融资抵御风险，否则就难以存活。

3. 生鲜电商平台与传统市场融合不足

生鲜电商的本质是信息技术对传统生鲜市场的改造，其在挤占传统生鲜市场份额的同时也可以与其进行互补。然而在转型的过程中，生鲜电商与传统生鲜市场产生了一些冲突，降低了生鲜电商转化的速度。主要表现在两个方面：第一，生鲜电商平台之间数据对接不通畅，共享程度不高。主流下游生鲜电商对其外包的地方电商平台发货速度要求严格，并要求其能在短期内承受爆单量，需要库存较多的货物。但由于快递价格的重量门槛限制和需求数据沟通的不及时性，使零散的接包单位难以应对爆单现象。第二，生鲜电商与传统生鲜市场不能有效互补。生鲜电商与传统生鲜市场的需求有交集但又有差异，以猕猴桃市场为例，做传统市场的企业和地方电商企业收购农户果品时都是 60 克起步，电商企业大量销售的是 90~110 克的果品，60~90 克以及 110 克以上的果品被积压下来；传统市场更偏好 110 克以上的大果，使 110 克以下的果品被大量积压。本来两种渠道销售对果品的大小需求是有差异的，其中部分可以互补。但两类企业为了控制收购成本，选择在收购时采用相同的标准，使猕猴桃在市场需求影响下产生库存积压，积压的库存果品最终被低价处理。现实中若要通过按需收购果品来避免这一现象，则收购成本会提高。

4. 生鲜电商供给端的恶性竞争严重

由于我国生鲜产品的生产极度分散，传统生鲜市场中存在大量的生鲜产品经纪人，地方电商多是由曾经的经纪人转型创办，在下游主流电商平台对产品规格和发货质量的要求下，地方大型电商要面对更低成本的同行竞争。在生鲜产品主要产地，少数地方大型电商与大量零散电商恶性竞争的现象屡见不鲜。

零散的家庭作坊式电商的优势在于家庭成员参与，人工成本可以忽略，但劣势是对质检品控要求低，缺少全品类货物的稳定支持，快递和包装议价能力不强，对分选机等固定资产投资不够，分拣耗损大，可持续发展能力不足。地方大型电商的优势在于较低的运费单价、自动化节省成本，对农产品质量投入高，但人工和固定资产投资较高，运营成本大。零散的小型电商在缺乏外来融资的情况下，为了获得更高的利润和控制风险，会通过降低果品质量来降低成本，形成与地方大型电商的恶性竞争。当地方的大型电商和小型电商同时供货时，小型电商的产品质量波动会增加主流电商平台的经营风险，同样给大型电商带来销售风险。

三、我国生鲜电商发展策略

由于受生鲜产品本身生物特性的限制，加之我国农产品电商没有工业产品电商那样成熟的产业化基础，使生鲜成为电商领域中运营难度最高的品类之一。

（一）增强生鲜产品的稳定性

增强生鲜产品的稳定性需从缩小消费者品种选择范围和提高品种稳定性两方面入手。一是缩小消费者品种选择范围。以猕猴桃为例，生鲜电商可采取联合分析法等数理方法进行消费者市场调研，分析消费者对产品特征的主要需求，并依照作物农学生长条件和市场偏好进行选品，将体现同质性的品种数量进行压缩，间接保证生鲜产品的稳定性，同时方便定价。二是提高品种稳定性。不同品种的适生环境存在差异，电商平台要细化对单个品种的采购标准，选择可靠的生鲜生产者，通过“收购—加盟—自有”的转变，逐步提高对生鲜产品质量的控制。生鲜产品单一品种稳定性的提升和可选品种范围的缩小，从直接和间接两条路径提高了生鲜产品的稳定性，从而也能降低随库存保有单位（Stock Keeping Unit，简称 SKU）数目增加而产生的各项成本，这些都能直接促进生鲜产品电商标准化建设和产品可定制水平。

（二）降低生鲜电商的运营成本

事实上，不仅小型电商因缺少议价能力导致其包装、物流等绝对成本较高，大型电商经营成本中的包装和物流成本也居高不下。而且由于包装、物流部分的利润空间小，优化效果可能不明显。目前，主要可优化的经营成本取决于运营效率的提高和仓储设施成本的降低。

运营效率的提高和仓储设施成本的降低途径包括对人员的培养、物流运筹效率的提高：一是引进专业管理人才，提高管理效率。二是提高信息化程度。利用信息化优势精细采购，降低生鲜产品的积压和损耗。对地方而言，还要加强生鲜产品的适度全季节生产，保证地方物流点全年有业务，缩短亏本运营的时间跨度，减少对地方小型电商物流成本的转嫁。三是降低仓储设施建设的成本。推动生鲜电商冷链物流和仓储的支持政策，将冷库归入设施农业建设的范围中，降低生鲜电商的投资风险，使生鲜电商有稳定的投资预期。

（三）加强冷链物流建设质量

生鲜产品易腐易损是产业面临的最大困难之一，冷链物流的质量是生鲜电商发展的重要保障和技术挑战，因此要进一步加强以制冷技术为核心的生鲜产品冷链物流建设质量。一是加强基础设施建设，包括适度扩宽农村生产道路、深化基层路网建设、发展高质量农业园区及扩大冷链设备投资。二是加强冷链物流标准化建设，提高各个物流节点之间的协调性，实现冷链物流的集约化和规范化，同时还要推进与国际水平接轨的农产品冷链物流标准建设，帮助中国强势生鲜品类走出国门。

（四）促进生鲜电商与传统渠道融合

生鲜电商与传统渠道在生鲜产品的选购中存在一定差异。在生鲜电商市场中，消费者最看重的是性价比，而外观无法直接观察到，且受快递价格门槛限制，相同价格下规格较小的产品数量更多，可以迎合消费者心理；在传统渠道中，由于消费惯性和传统观念的限制，消费者对产品品质要求更高。因此，要推动生鲜电商与传统渠道的融合，一是要鼓励生鲜电商和传统商超及农贸市场加强业务联结，使收购的产品规格相互错开，尽量避免发生冲突；二是提高专注于传统渠道的企业的信息化程度，减少两类市场之间的摩擦，促进生鲜电商与传统渠道的融合。

（五）提高小型生鲜电商的组织化程度

大型综合电商平台是消费者日常直接面对的，但在生产实践中，承接订单并发出货物的通常是地方电商。现实中，少数地方大型电商与众多零散小型电商恶性竞争的现象很普遍。要推动生鲜电商的稳定持续发展，首先要引导和推动小型零散电商联动合作，在提高其组织化程度的同时加强零散生产者与组织的联结程度，引入外部融资，提高物流利用率和议价能力，降低零散生鲜电商的经营成本。其次要加大企业对分选机、封箱设备等固定资产的投资，并通过第三方权威机构进行市场数据的共享与合作，在竞争与合作中共同进步。地方电商平台的发展能够提高主流综合型生鲜电商平台的服务质量，实现生鲜产品市场的供给侧结构性改革。

第二章　目前生鲜电商行业发展环境与现状

生鲜产品电子商务简称生鲜电商，是利用电子商务手段，进行生鲜类产品销售，乃至打通整条产业链的经济活动。生鲜电商是电子商务进入的又一个社会产业领域，是技术和需求双重推动下发展起来的。2012 年被视为我国生鲜电商发展的元年。自 2013 年以来，围绕着电商领域，国家多个政府管理部门密集发布了 9 个法规、通知或意见，意在对电商行业加强规范和指导。

生鲜电商行业在我国经历了十多年的发展，从最开始只有少数人网购，到大批买家和卖家涌入市场，再到收退货流程的逐步完善。尤其是自新冠肺炎疫情暴发以来，生鲜电商、社区团购迎来高速发展。随着入局者众多，生鲜电商的发展状况日益复杂。

第一节　生鲜电商行业环境状况

一、生鲜农产品及特点

（一）生鲜农产品的内涵

生鲜农产品没有严格的学术性概念，它与流通管理中经常用到的生鲜农产品在内容上基本一致，更多地强调产品品质基本的物理特性。生鲜则较容易理解，符合生活化的说法，在流通管理中经常使用，但是相比较发现生鲜农产品的外延更广泛。对照 2005 年国务院和交通运输部门制订的有利于节日市场的《全国高效率鲜活农产品流通“绿色通道”建设实施方案》内容，生鲜农产品不仅包括“新鲜蔬菜、新鲜水果、鲜活水产品、活的畜禽与肉、新鲜的蛋和鲜奶 6 类农产品”，还可以包括上述 6 类产品的加工制品，以及经过深加工、具有部分相同特性的产品，如需冷储设施的面包、熟制食品、乳制品等。

（二）生鲜农产品的特性

生鲜农产品自身的物理特性表现为以下两个方面：

1. 常态下容易腐烂变质

生鲜农产品富含水分，或是含有较高的糖类，为许多微生物提供了良好的生存环境。生鲜农产品的生产季节一般光、温湿条件较好，在没有保鲜、冷储设施的情况下，品质极易发生变化。生鲜农产品是初级产品，从产地到零售要经过多次物流环节，如收购、包装、搬运、装卸、集运、分拆等，无论是机械还是人工作业都会带来一定的损坏，从而进一步加剧产品的损耗，在美观和品质上都会有所下降，影响到销售的价格。

2. 应季时令形成生鲜标志

生鲜农产品的市场价格随季节和上市时间发生变化，由产地到市场转移速度越快，其消费需求就越旺盛，就更加适应传统饮食的观念。如鲜活的淡水鱼要比冷冻的价高很多，尽管从科学的角度来看，冷冻或保鲜的鱼的营养和真正的鲜度没有太大的差别。

同时，生鲜农产品对外部环境很敏感，研究表明，在 2~8℃的冷藏条件下，蔬菜、水果、鸡蛋等产品能在较长时间内保色保鲜，保持原汁原味；在 0~2℃的温度下，鲜鱼、鲜肉、鲜奶可短期存放 1~2 天并保持新鲜，营养不流失。

二、生鲜电商行业发展状况

自 2020 年初新冠肺炎疫情暴发以来，消费者对生鲜类产品的需求猛增，生鲜电商行业也成为投资风口。不过，艾媒网获悉，生鲜零售电商盒马鲜生，在 2020 年 3 月初便已关闭了 5 家门店，为的是减少亏损，缓解经营压力。而其他较为知名的生鲜电商，如每日优鲜、叮咚买菜、美菜网等，也自 2019 年下半年开始传出收缩、裁员的消息。根据艾媒数据中心统计，2020 年，中国生鲜电商行业投融资金额达 418.57 亿元，尽管在融资企业数量上比 2019 年少，但投资金额增长超过 210%，但到了 2021 年，投资金额及融资企业数量均大幅回落。从月份上来看，从 2021 年 7 月起，生鲜电商的投资热潮逐渐减退。艾媒咨询调查发现，新冠肺炎疫情期间，消费者“线上下单——快速配送到家”的消费习惯逐步养成，积极建设线上线下、全场景的新零售生鲜品牌，有望持续抢占市场份额。从当前调研数据来看，新冠肺炎疫情下新产生的生鲜电商用户，未来继续使用的意愿也比较高。

有 53.1%的用户表示未来会提高使用频率，而有超过三成的用户会保持使用频率不变。对于行业来说，这属于利好信号。

随着各种稳增长、暖经济、保民生的政策实施，消费者对生鲜类产品需求下降，在解除居家隔离后，部分民众又恢复了到菜市场买菜的活动。并且，由于拼多多、美团等众多综合电商平台加入销售生鲜产品的行列，消费者的选择余地变大，专注于生鲜食品类的企业，在品类和价格上都不一定有优势，出现注册用户增速放缓，甚至门店客流量下降的情况。

后“疫”时代，生鲜电商行业在经历短暂的繁荣之后，能否解决用户留存问题，才是行业未来发展的关键所在。

第二节　生鲜电商行业发展现状

目前，我国生鲜电商主要存在于销售环节。2012 年，我国生鲜电商交易行为开始受到人们的关注，有人称为生鲜农产品在网络开拓中的元年。其实，2005 年生鲜农产品网络销售已经启动，上海易果电子商务有限公司是较早涉足的企业，专门从事生鲜农产品网上经营。到 2014 年经营的品种已经达到 3200 种产品，以“常温、冰鲜、冻鲜、活鲜”4 种形式，做到冷链贯通全部运输过程，随鲜货产出，随时运营配送，可运达 367 个目标城市。2021 年的数据显示，生鲜电商在三、四线城市的渗透率，仍不如一、二线城市，较多用户仍未形成使用习惯。艾媒分析师认为，简化网购的流程、完善自提点的布局、加快服务效率，以及加大在三、四线城市的推广，将是生鲜电商行业今后需要发力的地方。

2009 年，另一家通过电子商务经营生鲜农产品的公司诞生，它是由美籍华人梁耀祖与 TZG Partners 创办的甫田网，采用快捷的在线下单、货到付款、货到刷卡，有 Alipay、Paypal、得仕通等多种在线支付方式。由于主要面向上海外籍人士，经营高品质的生鲜进口农产品，以及少量本土高端生鲜农产品，从成立时就注重对供应商的选择。

同样，依托九城集团而成立的沱沱工社，于 2010 年开始生鲜农产品网络运作，目标客户是北京、上海等城市的高收入人群，在商品组织、供应商评估、物流配送方面严格把关，以网上超市为零售端，形成集冷藏、冷冻库和加工车间为一体的现代化仓储配送物流中心，采用冷链物流到家的配送运作模式。除拥有自己的农场之外，沱沱工社在采购中对环境、原产地、生产规模、生产商价值观、生产透明性、食品的有机等方面，有公司独特的标准和原则。

2010 年，以经营大型网上超市和新鲜有机蔬菜为主的优菜网开始运营，提出“像送牛奶一样送菜”，该电商定位虽然也面对城市的白领阶层，但进一步大众化，面向更大的社区开展服务。经营中较好地解决了蔬菜的新鲜度和损耗大的难点，在物流优化和包装标准化下，场地和管理的成本大大降低，具有比菜市场、超市方便，且成本更低的竞争能力。优菜网有少量自有的观光园，大量蔬菜主要靠领先采购来支撑。

2011 年，一些大型综合网络商务平台也开始试水生鲜产品。中粮我买网属中粮企业，开设了“生鲜水产、水果蔬菜”频道。淘宝网也开设了生鲜频道，由于平台的综合性太强，其推出的生鲜配送还局限在礼品包装式冷冻保鲜品等方面，在消费的便捷性上不能满足人们日常生活的需要。

进入 2012 年后，以物流经营见长的顺丰优选，其所经营的多种美味食品中包含生鲜一类品种，依托其快捷、安全的物流体系，配备专业冷链运储，采取原地采购，但两年多的发展后，生鲜配送基本局限于北京、天津、上海、广州及江浙等十几个城市；还有以营销见长的本来生活网，立足为北京市场服务，迅速地涉足生鲜农产品领域。

2013 年，生鲜农产品网上经营开始出现竞争的势头。1 号店、苏宁易购、东航产地直达网先后进入生鲜电商市场。在网络销售环节有综合经营和专业经营的电商，经营的品种、配送的范围、市场的份额都比较有限。

2016—2019 年，行业退潮期席卷而来，行业出现裁员、倒闭、资金链断裂的现象。但是，2019 年末新冠肺炎疫情暴发使作为每日必需的生鲜品类突然迎来了线上市场的大爆发，需求量的激增使原本处于崩溃边缘的生鲜电商迎来了“重生”。每日优鲜、盒马鲜生、叮咚买菜、苏宁生鲜、永辉到家、沃尔玛到家等在春节防疫期间均出现订单大增的情况。

2020 年我国生鲜电商行业渗透率达 7.63%，为历年最高；较之 2019 年 4.67% 的渗透率，同比增长 63.38%。受创业、投资、巨头进入的影响，生鲜电商近几年的渗透率快速增长，2013—2019 年，渗透率从 0.36%上升到 4.67%，共计增长 4.31 个百分点。2015 年渗透率增速达到顶峰，2016—2019 年行业渗透率继续保持增长，但是增速逐年回落。

第三节 生鲜电商行业发展瓶颈

一、生鲜农产品市场的潜力空间

（一）生鲜农产品电子商务市场潜力

电商企业对生鲜农产品市场运营适应能力在提高。比较有实力的电商企业在进入生鲜农产品领域时，充分借鉴前期运营者的经验。它们在生鲜供应链管理、仓储、运输、配送，以及网络平台运营等方面，按照生鲜农产品的特点优化操作流程，达到提高效率、保证品质的目的。比较有代表性的如京东商城、天猫、顺丰优选等，随着信息化管理手段的进步，管理上扁平化趋势明显，移动网络多媒体的使用，加之冷链技术的应用，使效率和品质都得到了较大的提高，这种改变将会形成行业的标准，也提高了生鲜电商的准入门槛。

生鲜农产品市场处于发展初期，准入的门槛低，后期仍有许多电商在不断地加入，从管理的角度来看，生鲜电商市场蛋糕在不断增大，参与者纷至沓来。

（二）国家大力支持生鲜电子商务

2014 年，中央“一号文件”提出了发展生鲜电子商务，要求加大资金投入，关注“三农”问题，具体包括物流方面的“农产品现代流通综合试点”“农超对接”政策，尤其在生鲜全产业链上，给出全环节低税，以期达到提高流通效率的目的。

“十二五”规划中明确提出电子商务助力农业电商全面发展。早在 2013 年商务部就对生鲜农业生产环节提出具体指导，在发展家庭农场，建立新的经营组织基础上，通过各种有利政策措施，如加大补贴、降低贷款利息、土地出让等，推动农产品冷链物流建设，在设施配送中心方面提级升速。这些政策对流通领域非常有利。

与此同时，创投基金的目光也转移到生鲜农业，从 2012 年开始，不少创投基金转投到农业电商，如凯雷投资、黑石集团等在内的外资私募股权基金开始投资我国农业，黑石领军财团投资的寿光农品园，涉及金额高达 6 亿美元；本土的投资机构鼎晖、弘毅、达晨等均有多起农业领域投资案例；我国供销总社在“北上广”投资建设的主要是针对农产品的电商平台。

2022 年 3 月 6 日，网经社电子商务研究中心发布《2021 年度中国生鲜电商市场数据报告》。数据显示，2021 年，年国生鲜电商交易规模达 4658.1 亿元，同比增长 27.92%，生鲜电商行业渗透率达 7.91%。

二、生鲜农产品电商市场竞争者特性

2013 年，我国生鲜电商交易规模达到 130 亿元，同比增长 221%，冷链宅配规模为 39 亿元，渗透率仍然不足 1%。2014—2016 年，我国生鲜电商交易规模分别达到 260 亿元、521 亿元及 911 亿元。冷链配送成本分别占比 30%、25%及 25%，由此可知 2014—2016 年收入规模分别为 78 亿元、130 亿元及 228 亿元。而 2017—2020 年，生鲜电商交易规模不断扩大，分别为 1391.3 亿元、1950 亿元、2554.5 亿元、3641.3 亿元。随着未来冷链规模的扩大与成熟，成本会逐渐下降。

未来会有更多的电商企业进入生鲜农产品的网上零售环节，按照目前的平均商品分类统计，生鲜农产品的毛利率在 40%左右，海鲜毛利率可达 50%以上，一般水果毛利率约 20%，冻肉毛利率 20%~30%。对于生鲜农产品网络销售，与销售服装等商品一样，具有市场进化过程，即都需要培养消费习惯。

2005 年，我国生鲜农产品网络销售有过一次大的尝试，经营者逐渐发现电商模式与生鲜农产品相适应的关键因素。电商企业普遍注意到生鲜农产品的特性，对供应链、冷链物流环节等进行完善和创新，于是 2012 年出现大批的生鲜农产品经营电商，如顺丰优选、淘宝生态农业频道、京东商城生鲜频道、本来生活网等成功地开拓了网上生鲜农产品市场。随着生鲜农产品网络销售模式的不断完善，2013 年和 2014 年，一些知名电商进入生鲜农产品经营领域，如 1 号店、天猫、美味七七等。

由于生鲜农产品独有的特点，在近七八年的运营中，99%的电商处于亏损试水阶段。然而，2014 年仍有继续进入生鲜领域的电商，亚马逊直接投资入股垂直生鲜电商美味七七；中粮我买网快速大幅度融资完善网络平台。生鲜农产品供应链较长，从战略角度观察，进入农村的产地市场才能真正拥有发展的动力。阿里巴巴集团、京东先后加大投资力度，直接进入生鲜产业的最上游，为未来发展确立长远的优势。2020 年生鲜电商涌现了很多千里马，像本来生活网、每日优鲜便利购、生鲜传奇、每日一淘、天天果园、食行生鲜、呆萝卜、U 掌柜、永辉云创等，为人们的生活带来了更多的便利。

尽管生鲜农产品的品种在快速增加，但生鲜农产品的配送还远不能满足消费者需要，尤其在物流“最后一公里”上，向最终客户交接时，出现生鲜农产品品质下降的概率很大，因此，生鲜农产品物流不仅是链条上的运营，更离不开消费者在恰当的时间、地点的配合。如果出现时间、地点的差错，或者简单的一个拒收，所带来的后果要远远大于一般商品的反向物流效应。

概括起来，生鲜农产品网络销售有 3 种类型的企业：较早进入的以垂直电商为主，如沱沱工社、本来生活网、顺丰优选等；以综合性电商平台优势进入的，如天猫、1 号店、京东等；由实体生鲜农产品零售超市开拓网上市场的，如沃尔玛、大润发、永辉超市等。

第四节　生鲜电商行业发展全产业链理论

生鲜电商的发展必须紧盯消费者需求。目前，生鲜网购消费者主要关注品质保障、特色与价格、平台信誉度、配送服务质量等因素，而由于生鲜产品的特殊性，这些要素之间是相互关联的，而且涉及整个生鲜产品产业链。

一、全产业链理论

（一）产业链的概念

1. 产业链理论的研究进程

产业链的思想最早可追溯到亚当·斯密的分工理论。分工理论是经济学理论中的一个重要分支，可分为古典分工、新古典分工、新兴古典分工理论。早期的西方经济学家认为，分工是提高企业生产效率的不竭之源，分工的好处在于能够获得分工经济和专业化经济。亚当·斯密解析了分工提高生产效率的三个原因：一是专业分工可以提升劳动者的专业技能；二是专业分工可以节约工作轮换时间；三是专业化有利于机械设备的发明与采用。企业经营活动划分为研发、采购、生产、销售、物流等各种不同环节，而这些不同环节是由组织计划配置资源还是由市场运行配置资源则取决于各自资源配置效率。随着技术不断创新、市场规模的扩大、需求的多元化、分工日益深化，原来由单一企业承担的职能开始发生纵向分离，企业外包、外购中间产品或服务越来越多，企业所承担的职能越来越趋向于专业化。杨格在亚当·斯密研究的基础上把企业内分工与产业分工的交互作用联系起来，并揭示了技术层面报酬递增的自我实现机制。而科斯阐释了交易费用与制度安排之间的内在紧密联系，认为如果没有交易费用，任何制度在经济绩效上都是一样的，制度存在就不具有意义；但是如果交易产生费用，那么不同的制度就有不同的经济绩效，而事实上，现实交易都是有费用的。杨小凯认为，分工和交易是生产方式的一个问题的两个方面，分工的深化产生专业化经济，也带来了交易费用。单个企业的生产不仅受到自身能力的制约，还受到上下游企业的制约。企业之间的关系也在不断演变，既有竞争又有合作，降低交易费用是产业化经营产生的基本条件，产业链的雏形就形成了。马歇尔把分工理论扩展到企业与企业、产业与产业之间，并关注企业间、产业间的联系，标志着产业链理论的真正诞生。

从国外学者对有关专业化分工与产业链形成与发展的研究演化来看，大体可以归纳为以下四个阶段：

第一，奠基时期。以亚当·斯密为代表的早期经济学家认为分工可以提高效率，构建比较优势，促进市场交换，分工是产业链形成的基础，但是分工也受市场的限制。亚当·斯密认为，工业生产是一系列基于分工的迂回链条，他把产业链局限于企业内部的操作，强调对内部资源的整合，把产业链等同于产品链。

第二，萌芽阶段。杨格、马歇尔、赫希曼和史蒂文斯等人把有关产业链的理解从企业内部生产工序间的分工扩展至企业与企业之间分工合作，开始关注企业间在产品生产中的关联效应，但他们大都把产业链局限于产品生产链或物流链，没有对产业链的内涵作出深刻的解释，尽管提出了产业链上各经营主体应加强协作，但没有提出具体的、有可操作性的合作方式。

第三，成长阶段。以迈克·波特和彼得·海恩斯为代表的部分学者把产业链由产品链、物流链扩展到价值链、产业链、创新链三链融合，产业链的价值认识更加强调了产业链的效率提升。

第四，纵深阶段。进入20世纪90年代以后，产品内分工理论开始盛行。这一时期的研究重点有两个方面的扩展：一是产业链的范围逐渐由国内扩展到全球范围，即出现全球产业链、全球价值链、全球创新链等相关概念；二是对产业链结构进行了深度研究，学者们更加关注全球产业链的分工地位、价值分配和纵向治理等问题。

2. 产业链内涵的界定

国内外学者都是从最终消费者获得产品的形成逻辑性以及各个环节的关联度来进行分析的。赫希曼（Hirschman，1958）提出产业链是指产业的前向和后向联系，随着价值链、创新链等概念的提出和深度研究应用，学者们更加注重产业链关联度的研究。荷利汉（Houlihan，1988）强调了产业链是供产销环节的物质流动过程；史蒂文斯（Stevens，1989）强调了产业链是纵向系统的物流和信息流；哈里森（Harrison，1993）强调了产业链是产品价值保值、增值的功能网络。迈克·波特（Poter，1985）在《竞争优势》一书中首次提出价值链的概念，他认为“从价值形成过程来看，企业从创建到投产经营所经历的一系列环节和活动中，既有各项投入，同时又显示价值的增加，从而使这一系列环节连接成一条活动成本链。价值链为一系列连续完成的活动，是原材料转换成一系列最终产品并不断实现价值增值的过程”。

国内对产业链内涵的研究更加广泛和深入，许多学者侧重于产业链之间的技术经济链接以及增值功能。戴孝悌（2015）认为，产业链是基于一定的技术经济关联的各个产业（企业）部门之间，并依据特定的逻辑关系和时空布局关系客观形成的具有价值增值功能的链条式关联形态。产业链的本质是描述具有某种内在联系的产业（企业）群结构，它是相关产业组织形成的一种功能性的网链结构。

根据系统科学原理，分析产业链特性主要有以下几个方面：

（1）整体性。产业链是一个网链结构，其中包含有不同的相关产业和多个相关企业；这些相关产业和企业围绕产品内分工而构成了网链结构。这个网链结构是“链”“链主”“体”三者的一体：“链”是以产品为对象，以企业为节点，以企业之间的物流、信息流、资金流等为联系构成的一条空间链；“链主”即产业链核心企业，链主是在链内占据支配地位的核心企业或龙头企业，链主在产业链内要能主导物流、信息流和资金流，并通过有效分工合作，提升产业链竞争力；“体”即产业链是一个紧密相连的新型的经济组织，追求整体经济效益，链内企业不单独参与市场竞争，与链内其他企业形成协作紧密的共生系统，形成产业链竞争优势。

（2）目的性。产业链的构建以市场需求为导向，市场需求多变性决定了产业链以及产业链上各节点企业的自适应性。这种自适应性包括：一是产业链中核心企业的变化；二是产业链节点企业的增删调整；三是产业链空间布局的调整等。

（3）开放性与封闭性。产业链组织是一个系统，又是社会系统的组成部分，所以具有自组织特性和它组织特性。产业链必须与外界环境不断交换能量与信息；而由于控制的需要，系统本身的管理又必须形成封闭的回路，并进行有效的分工与协作。产业链最重要的就是链条内部企业之间的协同，所以一定的约束机制可以维持产业链条的稳定。

（4）生态性。产业链对其所处环境具有一定的能动作用。产业链不仅受到当地环境的制约，也对当地环境产生重大影响，并促进自身发展条件的形成。产业链是由核心企业运用准一体化的契约形式构建的，产业链节点企业之间具有竞合关系，产业链节点企业的优胜劣汰和协同进化，又会不断强化其竞争优势。

（二）产业链演化及全产业链概念的提出

1. 产业链演化

产业发展是一个从低级向高级不断演进、具有内在逻辑且不以人们意志为转移的客观历史过程，这种组织特性是产业内部企业之间相互制约、相互合作、相互竞争所决定的。厉无畏等（2003）认为：一方面，产业发展包含产业“集群化、融合化、生态化”等一系列变化趋势，这些变化不仅“创造出各种新的消费方式”，而且推动着“产业本身的创新与变革”，包括“产业结构方面的新内容、产业技术、产业组织方面的新动向”；另一方面，他们将产业发展同未来的视角联系在一起，指出产业效率、科技创新、产业竞争、产业政策等是产业发展或产业“集群化、融合化、生态化”三大发展趋势的动因。分工虽然带来了专业化效率，同时也提高了交易费用，如何进行均衡优化，需要进行产业链组织制度安排。亚当·斯密分析的是企业分工，采用了企业单一的制度设计；科斯清晰地界定了企业的边界，通过引入交易费用的概念，企业与市场成了两种可相互替代的制度安排；威廉姆森以交易成本概念为核心，把科斯的理论发展成了一个相当严密的体系，认为不同的交易对应着企业、中间性组织和市场三种不同的治理结构。产业链中的核心企业对于分工制度安排的选择及整合是一种企业行为，主要包括纵向一体化（企业制度）、纵向契约关系（准一体化制度）和纵向分离（市场制度）三种形式。

那么，产业链演化路径是什么样的呢？在交易成本不为零的情况下，分工的存在必然会产生大量的交易成本。不同的分工制度安排带来的交易成本是有差异的。对于产业链中的上下游企业而言，分工制度安排的选择提高了产业链的稳定性。但是，上下游企业间不管采取何种分工制度安排都要发生大量的交易，而不同的交易又具有各自不同的特点，产生的交易成本也不同。正如迈克尔·迪屈奇（1999）指出，只考虑交易成本理论是一个半边理论，因为他忽略了资源配置产生的效益。要全面理解产业链中分工制度安排的多样性，就必须考虑所产生的成本和收益的差异性。由交易成本和收益决定的产业链分工制度安排，其本质就是为了最大限度地获得分工带来的好处。产业链演化路径取决于两大要素。

（1）交易成本的变化。

根据新制度经济学对经济组织研究的基本观点，产业链纵向分工制度安排和经济组织的选择具有本质上的一致性。在选择高效率经济组织来进行资源配置的过程中，交易成本成了最关键的解释变量，交易成本的高低是选择经济组织的重要参数。根据分工与交易费用经济学原理，如果专业化分工在企业内部进行，这必然会产生两种效应，即一是市场交易费用的节约，二是企业内部组织管理费用的增加；反之，如果企业通过市场组织分工，则会导致市场交易费用的增加，企业内组织管理费用的下降。因此，外部交易费用和内部组织费用的综合权衡是企业选择分工制度安排的重要依据：无论是采取市场分工，还是企业内分工，都无法获取分工经济的全部好处，产业链核心企业可以与其他节点企业签订契约，采取介于市场分工和企业内分工的中间性组织，以有效获取市场分工和企业内分工的优势。威廉姆森把经济活动组织的两分法扩展为“企业—中间性—市场”三分法，他认为，在存在有限理性和机会主义行为倾向的情形下，资产专用性、交易频率与交易不确定性三大交易特性也是决定交易成本高低的重要因素，它们共同决定了经济组织对分工制度安排的选择。产业链分工制度安排演变模型，如图 2-1 所示。

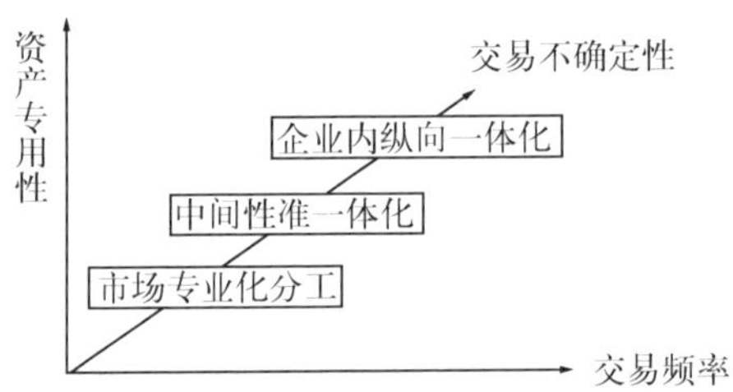

图 2-1　产品链分工制度安排演变模型

（2）市场结构的变化。

在产业链中，上下游经济主体所在的市场结构也是影响分工制度安排选择的重要变量，市场结构的动态演进将引起产业链上下游经济主体对合作剩余的重新分配，从而引发经济主体顺应市场结构的变迁，对分工制度安排做出适应性的调整。现假设如下：产业链中只包含两个经济部门，其中部门 A 生产产品原料，部门 B 生产最终农产品，它们形成了上下游供需关系：B 每生产 1 单位最终农产品正好需要 A 投入 1 单位的产品原料，产出和产出的计量单位相同；A 和 B 的市场上分别有 m 个原料企业和 n 个加工企业：部门内企业全部同质。部门 A 和部门 B 构成了 4 种市场结构，如表 2-1 所示。

表 2-1　市场结构组合

部门 B ＼ 部门 A	竞争	垄断
竞争	1（竞争，竞争）	2（竞争，垄断）
垄断	3（垄断，竞争）	4（垄断，竞争）

当处于情况 1 时，上下游市场结构都是完全竞争市场，此时部门 A 与部门 B 的交易趋向于用市场来组织分工。

当处于情况 2 时，对加工企业来说是最优的市场结构，对原料企业来说是不利的市场格局。对原料企业来说，有打破这个均衡的激励，原料企业就逐渐走向联合，扩大生产规模，提高组织化程度，部门 A 与部门 B 的交易趋向于用准一体化来组织分工。

当处于情况 3 时，加工企业为了增加控制力，就会有后向一体化的激励，把原料企业变成自己的车间，此时部门 A 与部门 B 的交易趋向于用企业内纵向一体化来组织分工。

当处于情况 4 时，即部门 A 与部门 B 的垄断程度都很高，双方实力相当，市场的残酷竞争会使双方两败俱伤。通常的解决办法是实行关系契约规制，即通过建立战略联盟来实现双方合作剩余的最大化。

2. 全产业链概念的提出

全产业链是指开放产业系统中，不同产业构成要素之间相互竞争、协同与共同演进而形成一个新兴产业的过程。它是伴随着新经济时代而产生的，其趋势越来越明显。全产业链演进阶段如表 2-2 所示。

表 2 2　全产业链演进阶段

全产业链组织模式	福特制生产模式	丰田制生产模式	温特制生产模式
全产业链分工布局	集团企业内分工	区域内分工	全球分工
全产业链竞争核心	成本、质量	质量、成本、速度	质量、成本、速度、多样化
核心企业的作用	标准化控制	标准化控制、核心技术创新、全产业链领导力	标准化控制、协同创新、全球资源整合能力

（1）福特制生产模式。1945—1974 年近 30 年的时间是“福特主义”（Fordism）时代，这个时代是以纵向一体化的高度控制，获取全产业链的低成本、高效率。以福特汽车公司为代表的福特制时期的企业，通过将产品内分工和标准化、程序

化的过程，实现大规模生产和规模经济，最终获得劳动生产率的提升。福特制下产业组织中企业以大规模消费为市场导向，专注于大批量、少品种的集中化生产，以专业化分工为基础，以高效率、低价格取得竞争优势。为了有效降低产品价格，福特发明了生产流水线，并将生产流水线的标准化推广到整个汽车产业链，运用一个大型企业集团的高度计划控制，形成了大而全的相对单一的纵向一体化生产体系，从而获得规模成本优势和垄断竞争优势。虽然这时并未提出全产业链的概念，但是全流程控制的思想与实践已经开始。随着20世纪70年代世界石油危机引发的世界经济大萧条，福特制的内在缺陷凸显，导致了“福特制危机”，发达资本主义国家由此开始了近20年的经济结构调整过程。大批量、标准化生产和大众化消费为基础的生产和生活方式发生了改变。

（2）丰田制生产模式。1975—1985年是“丰田主义”时代，欧美学者称为“后福特主义”（Post-Fordism）时代。丰田制汲取福特制标准化、流水线作业等合理内核，结合外部环境和条件，对整个产业价值链做出了创新性的调适和变革。这种创新主要表现在更加关注市场，按单生产更加注重虚拟价值链的构建，保留具有竞争优势环节，把其余生产制造过程中的一些模块外包，在产业链中建立合作伙伴关系，并保持自身在整个产品价值链中的核心主导地位。外包企业与核心企业之间构成了契约关系，准一体化的全产业链形成了。这种类型的全产业链竞争的焦点不仅在于质量、成本、速度，更重要的是核心企业对全产业链的控制力和领导力。如果说福特制生产模式仅仅是一种全流程的控制思想，那么，丰田制生产模式已经具备了全产业链管理的所有特征，应该说丰田制生产模式标志着全产业链管理的真正诞生。

（3）温特制生产模式。1986年至今，是“温特主义”（Wintelism）时代，这个时代的典型标志是基于模块化技术为主导，以信息技术为基础对全球范围内的资源进行有效配置。模块化生产将复杂的生产进行多块的简单化分解，这些模块又可以在不同的专业化企业中独立地被设计、制造，而这种“独立性”正好可以使各模块生产企业的核心竞争力得到强化。通过模块化设计、模块化制造和模块化装配实现大规模定制的高效、低成本生产，整个过程都体现了顾客的个性化需求，大大提高了顾客满意度。核心企业通过高科技和强大的信息网络，制定产品标准，控制和整合全球资源，使产品在最能被有效生产的地方，以模块方式进行组合，从而构建全产业链竞争优势。

目前，这种全产业链管理模式已不限于现代计算机和电子信息产业，还延伸到汽车等其他产业。

（三）农业全产业链

20 世纪 90 年代以来，中国农业企业面临着全球化竞争、食品安全问题严峻以及消费者需求变化等情形，农业发展已经不再是一个孤立和单一的问题，其与经济、资源、环境等因素的联系更为紧密。为适应环境的变化，农业龙头企业致力于提高与产业链上下游其他个体（如供应商与消费者）之间的关系，重视产业链管理，以提高竞争优势。

农业全产业链模式是国际食品巨头 Bunge、Caigill、ADM（Archer Daniels Midland）、Kraft 等为解决食品安全问题而率先实施，国内则是由中粮集团 2009 年首次提出，进而被其他农业企业推广并实施的一种新兴的农业产业链模式。

1. 农业全产业链组织模式发展的原因

（1）信息技术的影响。20 世纪 50 年代以来，信息技术的变革以及向其他领域的迅速扩散，对人类社会发展进程产生了深远的影响。这种影响随着 20 世纪 90 年代互联网技术、光传输技术、无线传输技术等高新技术的出现与扩散而越来越大。信息技术变革与扩散促进了新兴信息产业的产生，而新兴信息产业的演进又进一步推动了工业经济时代向新经济时代的演进。信息技术的发展把全球各地市场连接在一起，形成了一个巨大的市场，促进了分工的演进，即由原来的国内分工向国际分工发展。一方面，在跨国公司的推动下，技术、资金、人才等生产要素在全球市场内进行有效的配置，导致产业价值链的分解与重组。另一方面，信息化进程的加快，产业关联中的信息流越来越强大并成为产业关联的主导性基础。而且，知识在企业核心竞争能力中的主导地位越来越明显，而知识的数字化与可编码化，加快了知识的传播与扩散，从而缩短了获取知识的时间，加快了知识的创新。

（2）市场需求的影响。在全球化与现代化的双重席卷下，消费者特征发生了很大的变化：一是需求越来越多样化。消费者收入的提高以及闲暇时间的加长，以网络为平台的智能化和大规模定制生产方式的产生，都影响与推动了消费者需求的多样化及差异化，绿色消费、情感消费、定制消费、休闲消费、快消费、科技消费等渐成主流。二是消费者主体地位的确立。随着市场由卖方市场向买方市场的转变，消费者权益保护制度的完善，以及信息技术与网络搜索技术的发展，消费者的地位发生了很大的变化，即由过去的被动接受者向占优势的主体转变。

（3）环境规制的影响。随着工业文明的迅猛发展，人类活动在广度、深度及力度等方面全面跃进，人们享受着现代文明带来的前所未有的巨大利益和欢愉。然而，高投入、高消耗、高污染的粗放经济增长模式带来全球环境问题。20 世纪 70 年代，人们对环境规制的研究拉开了序幕，西方出台了一系列的法律，以规制健康、安全和环境。环境规制经历了从命令控制型到命令控制型和激励型结合，再到 20 世纪 90 年代的信息披露型的过程。韩晶等（2014）根据 1995—2007 年中国区域及产业数据分析了环境规制对产业升级的影响，结果表明，当产业发展到一定阶段，较高的环境规制水平会激发企业的创新热情，优化产业内部的资源配置效率，提升产业层次。

（4）产业升级的影响。自 1979 年我国实施家庭联产承包责任制以来，农户由于取得经营权的激励，生产效率得到了极大的提高。但是因过度分工，难以实现规模经济，机械设备难以推广，产业链过长并过于分散，农产品价格高、质量低，遭遇提价和农业补贴两个“天花板”，以及生态环境和资源条件限制两个“紧箍咒”。从 20 世纪 80 年代我国农业企业就开始探索产业化发展路径，至今已经历了“公司+农户”产业化组织模式、“企业+中介组织+农户”产业化组织模式，并逐渐转向“公司+合作社联合社+农户”高级产业化组织模式。农业产业升级就是按照国家新型农业现代化的战略部署和要求，积极鼓励家庭农场、合作社、龙头企业发展多种形式的适度规模化经营，进而通过合理的契约分配模式，实现产业化经营主体目标协同发展。

2. 农业全产业链组织模式的特点

（1）以龙头企业为主导。从中国农业产业化组织模式的演变来看，产业链核心企业即农业龙头企业起着举足轻重的作用。农业龙头企业具有规模、品牌、技术、资本以及智力优势，有能力对整个产业链进行连接，而且在质量规制与市场竞争比较激烈的环境下，龙头企业为了维护品牌声誉，也有动力整合全产业链，开展市场开拓、标准化管理、技术升级、质量保证等工作。

（2）采用准一体化制度设计。农业全产业链整合是指将农产品产前、生产、加工、流通、销售等环节整合成畅通、统一、协调的整体，从而获得协同效应和规模效应。股权参与形式的准一体化可以降低订单签订、履约等方面的交易费用，也可以将市场风险分散到全产业链，并共同享有市场激励机制。

（3）以信息技术为基础。农业全产业链的信息传递涵盖链条内部与外部之间的信息流动以及链条内各环节之间的信息交流，是带动产业链价值流与物流发展的重要因素。信息在农业全产业链内的透明化可以增强组织之间的协调性和合作性，提高农产品生产、加工、运输以及销售等环节的协作度，提高农业全产业链的实际效能。

（4）以市场需求为导向。根据消费者需求特征，确定全产业链的战略定位，根据全产业链的战略定位，构建全产业链的组织结构及运行效率。消费者的需求总是在质量、品种、价格、速度以及便利性等方面进行组合，那么，核心企业也必须在这些要素中进行权重设计和平衡，从而设计全产业链运行模式。消费者需求定位不同，全产业链的结构也会有所不同。

3. 农业全产业链主要类型

农业全产业链的分类标准很多，有面向产品类型分类的，如水产品全产业链、蔬菜全产业链、水果全产业链、猪及猪肉全产业链、生鲜全产业链等；有面向参与主体分类的，如“公司+农户”全产业链、“公司+中介组织+农户”全产业链、“公司+合作社联合社+农户”全产业链等。以全产业链的核心企业作为分类对象，可以将农业全产业链划分为食品加工企业主导型（双汇集团）、产销综合型企业主导型（中粮集团）、电子商务主导型（天猫喵鲜生）、超市主导型（永辉超市）。

在“互联网+”农业环境趋势下，生鲜电商已经成为农业全产业链组织的典型模式。

二、全产业链准一体化组织性质

全产业链的实施必须依靠有效的组织架构、恰当的契约关系和规制结构。Martinez（2002）在威廉姆森等的研究基础上，将农产品纵向协作分为市场交易模式、准一体化交易模式（合同生产）和纵向一体化模式。

市场交易农业是“农户+市场”的模式，合同生产农业是“农户+企业+市场”的模式，是为了远期交货而生产农产品。合同生产农业已经逐渐从市场专用性生产合同（也被称为销售合同）发展到资源供给型合同，生产方和契约方不仅就农产品的交货时间、定价模式和产品特性进行交涉和商议，契约方还为生产方提供产品的销售市场，参与产品的生产决策，同时还保留重要生产投入的所有权。合同生产模式无法保障农户的利益，农户的联合才能参与产业链的公平博弈。纵向一体化是“企业+市场”的模式，运用科层关系控制纵向系统生产、加工以及销售。龙头企业牵头组建股份制合作社，吸纳农户加入，通过市场价格机制和企业权威机制两种方式进行资源配置，进行有效激励，从而实现差异化战略的独特竞争力。从分工理论、交易成本费用理论和产权理论三个方面分析，全产业链采用

"公司+股份合作社+农户"的准一体化交易模式具有比较优势。

（一）全产业链准一体化组织的分工解析

1. 保存农户家庭经营的生产优势

农业生产活动与其他生产活动相比，具有显著的自然性和分散性。农业生产的自然性表现在农业生产的对象是动、植物有机体，生产过程必须按照动、植物有机体的生长规律进行，受生物的周期性和自然条件的影响很大，农业生产经营要求给予直接生产者充分的自主权、决策权，以便对不断变化的自然条件采取相应的对策；农业生产的分散性表现在农业生产的地点是分散的，加之生产过程受自然条件的影响很大，导致生产者控制生产过程和最终结果的能力有限，很难计量雇用劳动者的努力程度，容易产生机会主义，农户经营在农业生产中仍然具有特殊的优势。

2. 发挥龙头企业的组织优势

农户家庭经营虽然在种养殖环节具有生产优势，但是"小而散"的农户，在农资采购与供应、农产品物流与营销、农产品加工和储藏保鲜、农产品安全和品牌建设、农业金融保险或农产品期货市场等领域劣势日益凸显，"公司+股份制合作社+农户"的农业经营模式以市场为导向，以龙头企业为核心，以合作社为纽带，以农户为基础，实现农产品差异化战略的全程垂直分工，优化配置生产要素，提高农产品附加值。龙头企业在资金、技术、人才、管理等方面有能力拓展市场渠道，捕捉市场差异化需求信息，通过技术创新和标准化管理满足差异化需求，以实现农业产业的规模经济和范围经济。

3. 实现合作社的利益联结

农产品差异化战略采用"公司+股份制合作社+农户"的组织模式，股份制合作社起到了有效的利益联结。股份制合作社是将股份制与合作制相结合的一种新的合作社形式，由农业龙头企业或农村产销大户等非纯农业生产者发起，成员异质性特征明显，其产权安排具有显著的分层性和分群性。公司与农户通过建立合作社，将外部交易关系内部化，双方通过产权纽带建立起风险共担、利益共享的机制，从而约束了各自的经营行为，加大了各自的违约成本，特别是在农产品买方市场条件下，龙头企业带领农民建立农产品销售合作社，有助于帮助农民建立稳定的农产品销售渠道，快速提升农产品的生产品质，延伸农产品的产业链条，分享农产品的增值收益。

（二）全产业链准一体化组织的交易成本解析

威廉姆森（1979）认为交易具有三个关键特征：不确定性、交易发生的频率和特定交易投资的程度。

资产专用性是指资产用于特定用途后被锁定，很难再移作他用的性质，农产品差异化战略导致的资产专用性主要有场地专用性、实物资产专用性、人力资本专用性、关系资产专用性和品牌资产专用性 5 个方面，如表 2-3 所示。农产品生产的地理标志决定其生产区域；农产品差异化的物流特性决定制造车间、仓储地点；特定的销售区域决定物流的集约化；特殊的加工工艺和物流需求决定了特定的生产设备和物流设备；特殊的加工工艺还决定了特定的专业技术工人和专业管理人员；差异化的市场定位决定了特定的销售渠道和顾客关系；差异化的市场定位必须通过商标注册、品牌促销和农产品“三品一标”认证加以确认并推广，并且通过有效的促销活动进行市场拓展；差异化战略使整个供应链的交易关系很固定，交易频率很高，机会主义产生的可能性增大。农产品差异化战略的不确定性既有农产品供应链的内部风险也有外部风险。内部风险与供应链参与主体的利己主义和信息不对称有关，差异化战略交易过程的专属性，造成市场被少数人把持；外部风险影响因素较多，如政策、技术以及自然环境等，如表 2-3 所示。

表 2-3　农产品差异文化战略资产专用分析

主要变量	变量解释	变量数值	准一体化组织	
（1）资产专用性	资产被用于特定用途后被锁定很难，再移作他用的性质	高	内部交易成本	内部交易成本
①场地专用性	特定的生产区域：地理标志特征，生产区域固定；特殊的物流需求：制造车间、仓储地点的固定；特定的销售区域：物流的集约化	高	内部物流成本的减少	外部物流成本的减少
②实物资产专用性	特定的生产设备；特殊工艺所需的生产设备；特定的物流设备；冷链物流设备、物流信息化设备	高	内部实物资产费用增加	外部实物资产费用增加
③人力资本专用性	专业技术工人：专业培训和从业经验；专业管理人员：专业训练和从业经验	高	员工管理成本增加	员工招聘费用增加
④关系资产专用性	特定的销售渠道；特定的顾客关系	高	关系资产的维护费增加	稳固关系可以降低促销费用

续表

主要变量	变量解释	变量数值	准一体化组织	
⑤品牌资产专用性	商标注册；品牌促销：提升知名度和美誉度；产品认证：农产品“三品一标”认证	高	品质管理成本增加	突出差异化的促销增加
（2）交易频率	交易次数：供应链内部的交易次数	高	交易内部化降低交易成本	市场小数条件增加交易成本
（3）不确定性	供应链内生风险；供应链外生风险	高	交易内部化降低了内部风险	抱团增强了外部抗风险能力

威廉姆森在关于“交易—协议—经济组织体制”的论述中认为，合理的组织结构和机制设计，能够更好地节约交易费用，提高交易效率。农业产业化经营的经验表明，农产品差异化战略具有资产专用性高、交易不确定性大和交易频率高的属性，龙头企业通过纵向协作，把农户的生产经营活动内部化，从而降低机会主义，提高合作效益。

（三）全产业链准一体化组织的产权激励分析

以哈特为代表的产权理论学派认为任何契约都具有不完全性，应该设计一种机制保护事前（关系专用性）投资激励，实现次优化社会福利效果。

纵向一体化的企业获得剩余控制权的激励，对特定市场需求进行专业资产的投资（关系专用性投资）就增加。但是这种投资容易导致交易对方的敲竹杠行为，为了减少这种行为，合意的做法是由一方将契约中难以明确的这部分剩余控制权购买过去。但是纵向一体化治理同样会面临着失去剩余控制权的一方激励不足的局面。“公司+股份合作社+农户”的准一体化组织模式中，龙头企业主导创建合作社，持有合作社的大部分股份，拥有合作社的控制权，可以将企业的品牌优势、管理优势、技术优势等在整个农产品供应链中进行推广；农户通过缴纳股金参加合作社，并按合作社章程进行管理、监督，在经济活动中既享有商品交易收入，也享有股份权益收入，来自土地自主经营的剩余控制权能极大地激发农户的生产积极性。

三、全产业链组织关系型契约及激励机制

（一）全产业链组织关系契约性质

契约理论将所有交易都视为一种契约关系，并把这种契约关系作为经济组织

分析的基本要素。继威廉姆森之后，经济学家开始用博弈论的方法来探讨契约治理问题。Baker（1994）、Gibbons（2001）和 Murphy（2002）（以下简称为 BGM）对此进行了一系列研究。他们对威廉姆森的观点提出了异议，认为治理机制是由所有权结构（一体化或非一体化）和缔约方式（现货契约或关系型契约）两方面的因素所决定的。因此，经济组织被划分为现货雇佣、现货外包、关系型雇佣和关系型外包四种，如表 2-4 所示。不可能把所有的治理机制都定位于市场和企业科层之间这一条线上。另一方面，Powell（1990）认为企业间关系型契约治理机制并非只是市场和科层的简单混合。

表 2-4　所有权结构和缔约方式组合集

缔约方式	所有权结构	
	非一体化	一体化
现货契约（Spot Contract）	现货外包（Spot Outsourcing，SO）	现货雇佣（Spot Employment，SE）
关系型契约（Relational Contract）	关系型外包（Relational Outsourcing，RO）	关系型雇佣（Relational Employment，RE）

全产业链组织是两个或两个以上的主体在一个较长的时间内，依靠主体间的协调和重复交易，通过正式的和非正式的制度安排所构成的一种互相依赖、共担风险、共享收益的组织形式。全产业链组织的合作活动以其固有的不确定性，使合作交易变得十分复杂。那么，运用“自我实施”的关系契约来分析长期合作就显得非常适合。

Baker、Gibbons 和 Murphy 将关系型契约定义为：由未来契约关系的价值所维持的非正式的安排。企业内部和企业之间的关系型契约有助于避免正式契约安排中的困难，即必须由第三方来执行。全产业链组织所构建的关系契约具有以下特征：

第一，全产业链组织的契约关系是在动态过程中逐步形成与实现的，并随着交易时间的延续和交易的展开而不断修正，具有关系嵌入性。由于契约的不完全性，全产业链组织合作双方很难签订一份完整的契约，契约的完善是一个过程。合作双方在交易开始的时候，只是规定一个大致的约束框架，在长期合作过程中依靠企业间频繁的交流和沟通来步步充实和实现合作内容。这种契约不依赖于法律，是可以自我实施的。

第二，全产业链组织契约关系是在一个较长时间内的重复性交易，具有时间长期性。市场交易具有偶然性和临时性的特点。纯市场中的交易双方从各自的需求出发在市场上买卖产品，双方在一次性的交易完成以后不再存在经济上的联系，第二次交易在他们之间发生是很偶然的事情，而全产业链组织参与主体之间的交易则不同。通过横向和纵向联系，众多企事业单位聚集在核心企业周围，形成了规模经济和范围经济优势。在同一价值链中处于不同环节的参与主体间形成一种相对稳定的分工和合作关系，交易对象是相对固定的。因而，全产业链组织的交易能够保持长期性和相对稳定性，是一种重复交易。

第三，全产业链组织的交易契约通过合作和其他补偿性技术来处理，具有自我履约性。研发活动具有很大的不确定性，缔约双方很容易产生机会主义行为。预防或减缓机会主义行为的途径就是双方“缔结”有效的契约，其治理机制除了正式契约外，还包括成员企业之间基于声誉的非正式契约；后者在重复合作时显得更加重要。经验发现，几乎所有的社会，哪怕是制度功能完善、法律机制健全的国家，人们已经不再直接倚仗正式的法律机制来处理交易纠纷。绝大多数纠纷都是私下协商解决的，一旦发生纠纷，首先借助各种非正式安排来进行，只有在私下解决的种种途径都失败之后，法律才是最后求助的手段，但凡走上法庭，意味着双方的关系彻底破裂（A. K. Dixit，2004），依赖自动履约机制较易保障交易的顺利进行。

（二）全产业链组织关系契约模型

关系契约治理本质上是介于运用价格机制进行市场治理以及通过企业内部垂直一体化进行层级治理两种极端跨组织治理之间的治理模式，全产业链组织关系契约治理机制主要是指交易双方使用关系规范或者对关系连续性的预期价值来抑制机会主义，如图 2-2 所示。

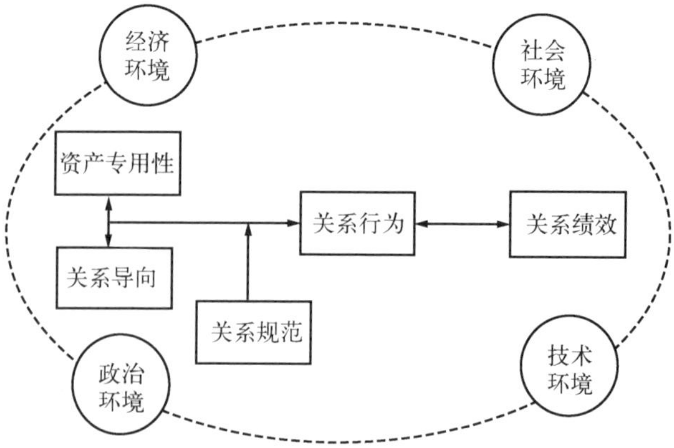

图 2-2　全产业链组织关系契约影响因素

从嵌入性的角度来看，关系契约治理是关系契约通过关系规范的治理。关系规范是关系契约的实质性内容准则。理性行为理论认为关系规范是指个体依从于各种社会压力的信念，更详细地说，是个体对他们所在乎的人会如何看待他们的特定外显行为的信念。因此，从宏观意义上来说，现代农业协同创新网络是嵌入在由其构成的社会结构之中的，并受到来自社会结构的经济、技术、制度、文化等因素的影响；从微观意义上来说，全产业链组织是由生鲜电商、农户、家庭农场、合作社、加工企业、物流企业等构成的。

1. 关系导向

关系导向是指人们对人际关系的基本认识和信念，如对关系重要性和目的性的认识。关系导向与社会资本密切相关：关系导向越强的组织，越重视建立、发展和维护与各方面的关系，因此也就会积累越多的社会资本；社会资本越丰富的组织，越是深知社会资本的益处，因此也会有越强的关系导向。中国人历来重视人际关系的发展、维护和利用，有着比较强的关系导向。其中既有文化方面的原因，也有制度方面的原因。

2. 资产专用性

全产业链组织的本质是参与各方达成一般性资源共享协议，实现单个或若干个项目合作，开展跨机构多项目协作，设立网络联盟，建立战略联盟等，从而形成稳定的协同创新机制，其根本在于利益协调，政府和产、学、研各方均事先确认各自利益范围与责任边界，设定风险分担和利益分配机制，并辅以一定的风险投资机制。这种创新形式具有契约的不完全性，投资专用性较高、交易的持续时间较长，价格已无法提供所需要的所有调节，此时，契约的治理机制适用关系契约。全产业链组织参与主体一旦谈判成功，双方都进行了专用性资产的投资，这时双方的投资收益都可能处在风险之中，双方都有一定程度的垄断力量，也就是说，另一方已不再可能不承担很高的成本就转向别的地方或别的合作对象。由于合约是不完全的，不可能事前就预见到事后有可能出现的情况并规定应对的方法。首先，双方可能会因修正合同而争论不休；其次，在事后讨价还价的过程中，由于双方具有不对称的信息，所以他们可能达不成有效的协议。而对于事后成本的预期，又会产生事前成本。一方可能不愿意进行这种投资，因为担心在重新签约时受到另一方的剥削，即担心收不回投资成本。

3. 关系规范

麦克尼尔（1980）认为关系规范是在交易过程中形成的、具有约束性的、得到双方认可的不成文的习惯性规则。关系规范是创新联盟结构的内生产物，一旦合作伙伴走到了一起，随着交易、回馈等互动行为的发生，关系规范随即建立（Brouthersetal，2006）。

但是，关系规范的形成不仅与全产业链结构有关，还与参与主体以往的合作经验以及全产业链主体正在实施的行为有关，这就使关系规范的倾向具有了不确定性。从嵌入性的角度来看，关系治理是关系契约通过关系规范的治理。关系规范是关系契约的实质性内容与准则。事实上，关系规范对机会主义行为的制约作用往往比创新联盟结构更具效率，因为关系规范是参与主体间形成的一种习惯性行为准则。虽然关系规范仅是一种不具有法律效力的非正式制约机制，但是这种机制却可以有效地规避交易中的投机行为，其作用是作为正式机制的全产业链结构无法替代的。

4. 关系行为

关系行为是指全产业链组织参与主体用于发展、维持或利用相互之间关系的行为和努力。由于关系治理更多的是产业链关系的双方通过沟通、进一步协商等解决存在的问题或对未来的发展进行规划、预期，因此治理机制更多是通过双方建立的信任、承诺以及合作的意愿等来共同维护与改进现有关系并共同致力于未来的发展。学者们根据研究背景的不同，选取了不同的关系行为变量。如 Lusch、Brown 与 Yilmaz 采用了灵活性、信息交换和合作，Hewett 与 Bearden 采用了合作与默许，而 Morgan 与 Hunt 则采用了默许、合作、机会主义行为三个变量。

5. 关系绩效

绩效是所有商业活动的最终指向。Sarkar 等将全产业链绩效划分为战略性绩效和任务性绩效。战略性绩效主要衡量产业链对创新主体战略优势和竞争优势的影响，而任务性绩效则测量产业链各方具体任务合作的完成程度和完成效率。

从长期关系角度来看，作为价值的共同创造者和合作关系的管理者，关系绩效在很大程度上取决于各方在互动中表现的行为。

（三）全产业链组织关系契约治理机制

1. 价值机制

全产业链组织是建立在共同价值目标基础之上的，互利性的交换是全产业链组织参与各方构建和维系关系契约的主要原因之一，因此利益导向型治理是激励专用性投资做出的根本机制。由于关系契约会长期延续，所以全产业链组织参与主体缔约各方都会相互握有一种双向和自动地控制对方的能力，一方针对另一方违反契约条款的办法就是终止契约，不需要政府和第三方的干预。在契约伙伴清楚他们是相互依赖并互相握有要挟资本时，这种方法更为有效。利益导向型治理实现的充分必要条件就是各方未来合作的价值大于不履行合约的机会收益。也就是契约成员通过遵守关系契约可以带来更多利益时，就会选择遵守关系契约。相关研究指出，全产业链组织参与主体的关系价值机制可以分为两类：其一为联合价值创造，其二为价值攫取（Lavie，2007；Bae et al.，2004）。联合价值创造是指在特定企业间关系安排中，关系成员间以增强整个合作安排的累积价值为最终目的的价值协同创造与共同目标的达成（Dyer et al.，1998）。价值攫取则不考虑新价值创造，主要作用于关系成员间关系中关系租金的分配，关注本方如何在契约关系中攫取更大的利益份额（Gulati et al.，2008）。

全产业链组织主体间实施高强度关系行为，可以获得较高的联合价值创造和价值攫取，好的关系绩效又可以促进主体间的相互依赖性，而这些无疑会让参与主体取得关系租金，从而促进合作主体间的高强度关系行为，形成良性循环。当然，整个循环过程中还要考虑到分配的公平性问题，如图 2-3 所示。

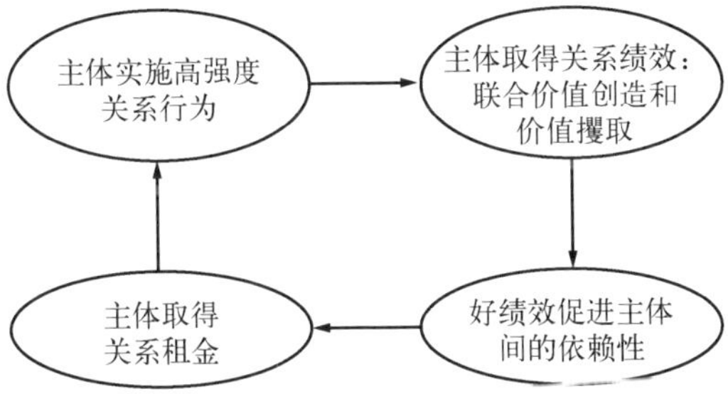

图 2-3　全产业链组织参与主体价值机制

2. 声誉机制

关系契约能够自我实施依赖于违约后受惩罚的力度，作为惩罚的间接手段之一，声誉的丧失可以使参与方在未来的发展中失去竞争力。如果全产业链某一主体违约，使声誉受到严重的损失，势必影响与其他主体合作关系的建立。在关系契约实施过程中，声誉起着重要作用。其原因在于，签约双方不仅要考虑当前，还要考虑未来；不仅要考虑缔约方的利益，还要考虑未来可能对自己产生影响的交易对手的态度。在一个重复博弈中，一个参与主体的行动可以影响到其他主体的选择，别人可以从该组织的行动中判断其履约的能力，了解其信誉状况，并由此决定是否与其合作。由于声誉的作用，即使契约不完全，合作的结果仍然可以实现。比如，一个主体履约的情况被全产业链组织的伙伴或同行业其他组织看到，也就成了其他组织决定是否与其合作的决策依据，如图 2-4 所示。

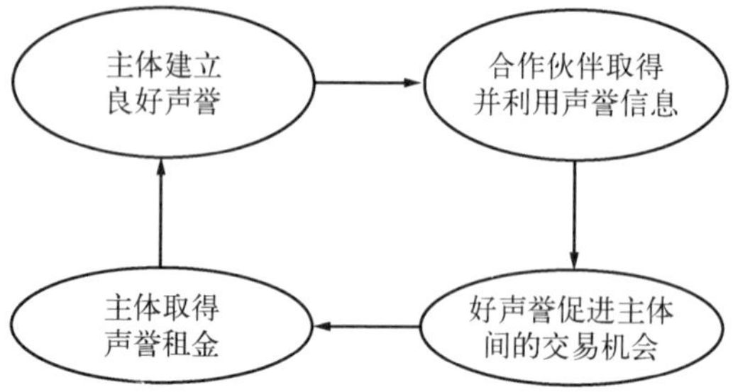

图 2-4　全产业链组织参与主体声誉机制

全产业链组织参与主体建立良好的声誉，可以促进主体间的交易机会，而这些无疑又会让参与主体取得声誉租金，从而促进主体建立良好的声誉，形成良性循环。当然，这个循环过程中必须考虑到声誉信息的检测和传递是否能达到对称。

第三章 生鲜电商的商业模式类型分析

虽然生鲜电商经营难度较大，却被视为国内电商领域的蓝海。生鲜电商的商业模式多种多样，下面介绍 B2B 模式、B2C 模式等 8 种生鲜电商的商业模式类型，简单了解其发展及概念。

第一节 生鲜电商商业模式概述

2005 年，以“易果生鲜”为代表的生鲜电商上线，拉开了我国生鲜农产品电子商务的序幕，在随后的几年内，沱沱工社、优菜网、中粮我买网和淘宝生鲜频道如雨后春笋般地涌现。2012 年被称为“生鲜元年”，是生鲜电商迅速发展的一年，多家电商巨头加入生鲜行业，顺丰优选、本来生活网以及京东生鲜频道纷纷上线，1 号店和苏宁易购随后涉足，生鲜电商进入了快速发展期。

据阿里巴巴数据，2013 年生鲜农产品在淘宝网的销售额占农产品总额的 13%，同比增长了 194.58%，为增长速度最快的类目，如图 3-1 所示。据中国电子商务研究中心数据显示，2014 年生鲜电商市场规模达到 1000 亿元，而电商的顾客渗透率不到 1%，生鲜电商一度被誉为电子商务的最后一片蓝海，但生鲜电商的经营难度之高，资本需求之大，使这一市场鲜有盈利者。随着渗透率的上升，我国生鲜电商行业市场规模也快速扩张，从 2015 年的 497 亿元增长至 2018 年的 2045 亿元，年复合增长率达到 60.24%；2019 年中国生鲜电商行业市场规模达到 2796 亿元，同比增长 36.72%；2020 年更是飞速增长，中国生鲜电商行业市场规模达到 4585 亿元，同比增长 63.98%。

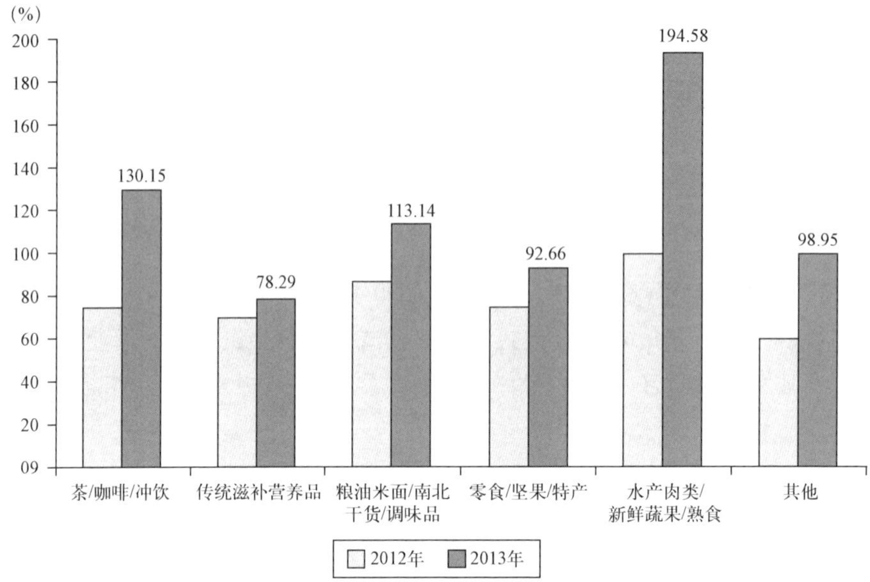

图 3-1 2013 年淘宝网（含天猫）涉农产品增长率

从价值链来看，商业模式是指企业创造价值和获取价值的基本逻辑和方式。商业模式的本质是企业在运营过程中的价值创造逻辑，包括顾客价值创造逻辑、伙伴价值创造逻辑和企业价值创造逻辑。整个价值创造逻辑包含 8 个要素：目标顾客、价值内容、网络形态、业务定位、伙伴关系、隔绝机制、收入模式、成本管理。按这 8 个内在构成要素的任何一个或多个组合可构成商业模式的分类标准。本书选取了目标顾客、业务定位、伙伴关系这三个构成要素，对生鲜电商进行分类。

第二节 B2B 模式类型

B2B 模式就是由企业销售商品或提供劳务给企业的模式，其目标客户是企业，业务定位为批发形式，与上下游企业的关系为合作伙伴关系。B2B 生鲜电商也就是生鲜电商的批发模式，由农产品的经营企业经网络媒介，销售生鲜农产品给批发商。相对于其他电商模式，B2B 模式发展缓慢，因此，生鲜电商的 B2B 模式较少。生鲜 B2B 又分为综合平台型 B2B、垂直平台型 B2B 和垂直 B2B。

一、综合平台型生鲜 B2B

综合是指网站销售商品的类目齐全，除了生鲜农产品外，还销售其他众多商品；平台是指电商的本质是中间商，为包括生鲜农产品生产商和其他中间商在内的多样化经营者提供一个为消费者服务的交易平台，其本身并不负责产品的配送和售后，主要收入来源是交易佣金。

综合平台型 B2B 的代表是阿里巴巴的 1688 平台，1688 平台提供全类目的商品交易场所，其中的食品频道下设“源生鲜”，为生鲜农产品生产者或批发商提供批发场所，2020 年 1688 平台的销售额超过 7000 亿元，过去一年东部产业带集约优势愈发明显。在 1688 平台上，已经诞生了包括深圳数码电脑、金华日用百货在内的十多个百亿产业带。

二、垂直平台型生鲜 B2B

垂直是指针对某一特定行业、某一细分市场、某一特定人群或某一特定需求进行深耕细作，提供内容集中而深入的信息与服务的经营方式。垂直平台型生鲜 B2B 就是专门为生鲜农产品经营者提供交易场所的平台网站，其代表是鲜易网、一亩田。

三、垂直生鲜 B2B

垂直生鲜 B2B 是以生鲜农产品为经营范围，以经销为主要经营方式的电子商务模式，垂直生鲜 B2B 可简单理解为网络上的生鲜经销商。由于生鲜电商经营难度极大，加之 B2B 模式整体发展缓慢，垂直生鲜 B2B 少之又少，2015 年的生鲜电商新锐“易买果”“美菜”和“优配良品”给垂直生鲜 B2B 带来了极大的想象空间。这 3 家公司均为移动生鲜电商，使用微信公众号作为交易平台，以微信支付为主要支付手段，在去中间化、物流等层面上，各有优劣。2015 年 9 月“易买果”和“美菜”宣布合并。

综合平台型生鲜 B2B 的电子信息化程度低，仅提供发布供需信息的功能，不是我们的研究重点。垂直平台型生鲜 B2B 的实质为生鲜中间商，其优点是流动资金需求少，风险可控度高，劣势与阿里系的电商平台一样，缺乏对销售的产品的质量安全、知识产权和虚假交易等的监管机制，如“刷单”等虚假交易重创了知名生鲜电商“一亩田”。从价值创造中的目标顾客、业务定位、伙伴关系三个因素分析，垂直生鲜 B2B 在三类 B2B 中更胜一筹，垂直生鲜 B2B 的目标顾客明确，业务定位清晰，合作伙伴关系互相牵制，互相监管。

第三节 B2C 模式类型

一、纯 B2C（顺丰优选）

纯 B2C 自身不种植、饲养任何产品，所售卖的农产品均来自其他品牌商和农场，典型代表是顺丰优选、本来生活网、美味七七。

[案例 1] 顺丰优选

顺丰优选是由顺丰速运集团倾力打造的生鲜农产品网站，70%的商品为进口商品，目标顾客是中高收入人群。顺丰冷链设施基础完善、物流配送流程专业，是当前生鲜电商中的佼佼者。

- 价值创造模式：赚取价值链上下游差价。依靠顺丰国际航空货运能力，顺丰专注原产地采购，从国内外产地直采正品，减短了供应链，降低了产品的成本，节省了大量的开支，同时保障了产品质量，吸引了更多的客户流量，利用商品差价赚取一定的毛利。
- 物流：自建冷链物流体系。顺丰在全国拥有较完善的仓库布局，在北京、上海、深圳、广州、南京、厦门等 26 个城市建有仓储中心，包括普通仓、防静电仓、恒温仓、冷藏仓、冷冻仓等。在北京、广州、深圳、武汉、成都等地总计建有 10 座 B2C 冷库，建立了冷链配送体系。依托顺丰航空的“快”，顺丰冷链物流的“冷”，再加上庞大的网络覆盖，顺丰是最有资本，也最有可能改变我国生鲜农产品流通现状的企业。
- 经营现状：尚未盈利。根据 Alexa 统计数据显示，顺丰优选单天的 IP 在 4 万左右，如果按照 5%的平均转换率来计算，顺丰单天的订单量应在 2000 单左右，无法形成规模效应，而顺丰优选平均客单价为 200 元，相对 20~30 元/单的配退成本，无法盈利。

纯 B2C 比竞争者更关注生鲜细分领域，所以也就比其他平台更懂用户。但由于缺乏生鲜供应商的前期积累，供应链管理方面面临强大的挑战，若要保证平台能够实时供应新鲜、上好的生鲜产品，就需要与全国各地很多农产品批发市场达成紧密的合作。

二、自有农场+B2C（沱沱工社）

这类生鲜电商企业自身承包农场，种植瓜果蔬菜、饲养鸡鸭牛羊等，通过自建 B2C 网站的方式，直接销售给消费者，绝大多数销售的产品是自己的产品，少数是整合其他农场或品牌商的产品。典型代表是沱沱工社和菜管家。

[案例 2]　沱沱工社

沱沱工社是一家专业提供有机、天然生鲜类商品的 B2C 网站，拥有 1 个自营农场和 8 个联合农场，种植有机蔬菜、瓜果，散养土鸡、土猪等，提供质量可掌控的健康有机食物。目标顾客是高收入小众人群。

- 价值创造模式：全价值链模式。沱沱工社在北京平谷承包了一个 1000 亩的农场，在全国范围有 8 个联合农场，负责包括产品前期种植、采摘、包装、销售和配送等在内的整条产业链。
- 物流：自建冷链物流体系。冷链物流建设主要在北京，投资已经超过亿元，北京内的货物次日送达，距离更远的地区则采用专门的航空配送。
- 经营现状：实现微利。沱沱工社现有 2600 多 SKU，日订单数在 2800~3000 单之间，2019 年营业额为 7700 万元，较 2012 年的 2350 万元同比增速达到了 227%，实现微利 460 多万元。

三、依托于第三方平台的生鲜电商集合（地方特色馆）

这是一类依托淘宝、天猫等第三方平台，从事生鲜生产或销售的众多单个电商，按区域特色聚集，形成地方特色馆的电商集合。地方馆中的电商有相当部分是个人，他们以种养大户、家庭农场、专业合作社、农业企业、协会等为组织载体，以淘宝、天猫为流量入口，以第三方物流为物流渠道。从严格意义上来看，地方馆不是企业，而是个人电商（C 端电商）的集合，但由于地方馆采用企业化运作手段，组织和协调资源、争夺流量、推广产品，可被认定为广义的企业。典型代表有遂昌馆、成县馆、通榆馆等。

地方馆依靠当地政府强有力的组织和支持，为农产品质量做初级的信用背书，迅速地获得了消费者的信任。依托淘宝、天猫等第三方平台，有效地引入买家流量，提高交易转化率，扩大了交易量，但从长期发展来看，流量受制于第三方平台，客户黏性得不到实质性的提高。缺少自己的物流体系，销售的农产品基本没有生鲜农产品。

[案例 3] 遂昌馆

遂昌馆是国内第一个县级农产品馆，销售的农产品以干货、山货为主，生鲜农产品比重极小。遂昌馆以遂昌网店协会为运营主体，其核心为一个独特的麦特龙分销平台，借助政府的强力支持和自身体系的巨大聚合力，集合了当地千余家个人卖家共谋发展。他们为千余家松散且不标准、不专业的个人卖家提供专业的培训服务，对上游货源进行统一整合并拟定采购标准，由“遂网”专业团队进行统一运营管理，线下则按照统一包装、统一配送、统一售后等标准化操作执行，遂昌模式更像是一个区域化的超级购物中心，其本质是一个服务商，售卖的是“标准化”。

- 价值创造模式：筛选价值链上游资源，整合流通环节，为价值链上的每一个环节提供标准化服务。
- 物流：没有自己的物流体系，购买圆通、EMS 等第三方物流公司的服务。

四、会员预售模式（多利农庄）

从严格意义上讲，这类模式并非纯电商模式，这类企业拥有自己的农场，通过会员预售的方式，把农场里的产品直接配送到会员家庭。其价值链上游环节为规模化种植及饲养，接着是信息发布环节，通过官网发布产品的供应信息，会员通过网上的会员系统预订农产品，最后待产品生产出来后，配送到会员家庭。这类模式的营业收入不是来自网上零售，而是来自家庭会员的年卡、季卡或月卡收入。典型代表是多利农庄和中粮我买网。

[案例 4] 多利农庄

2008 年，多利农庄在浦东大团镇建成面积达 1750 亩的自有农庄，种植有机蔬菜。随后的几年内，多利农庄整合了北京、上海、云南、浙江等 9 个生产基地，种植面积达数万亩，并花费巨资建立现代化的冷库、恒温室、流水作业台等，自建冷链物流体系等，欲做全国最大的有机食品生产商和宅配供应商。营销模式为会员预售，收入分别来自家庭宅配收入及企业、事业单位的福利采购收入。

- 价值创造模式：全价值链模式。多利农庄负责产品前期种植、采捕、包装、销售和配送等在内的整条产业链，与沱沱工社不同的是，多利农庄的增值来源于会员预售收入，而非 B2C 零售收入。
- 物流：自建物流体系，兼外购第三方物流服务（黑猫）。
- 经营现状：约 1 万名宅配会员，年销售额已破亿元，但投资巨大，目前尚未盈利，企业目标是资本市场。

会员预售模式可以帮助电商企业准确找到目标消费者群，营销成本小，但目标客户群较少，经营规模难以扩大。

五、综合型电子商务模式（京东商城）

采用综合型的 B2C 电子商务模式可以充分发挥企业自身品牌的影响力，寻求产品或服务的新的利润点，培养核心业务。综合型的 B2C 电子商务模式以综合型的 B2C 电子商务网站为运营平台，实际上是一个综合型的 B2C 商城建设。就 B2C 电子商务网站运营的现阶段总体发展状况而言，综合型的 B2C 电子商务网站建设要进一步细化商品的陈列展示、信息系统智能化等方面。对于新老客户的关系管理，需要细分客户体验的内容，提供更加人性化、直观的服务。选择较好的物流合作伙伴，增强物流实际控制权，提高物流配送服务质量。

[案例 5] 京东商城

京东商城 B2C 运作模式，由运营模式和物流模式两大部分组成。京东商城作为 B2C 零售企业，收入来源主要以商品零售为主，商品来自各类产品的生产商和渠道商。其目前主要的销售渠道为 B2C 电子商务网站，客户可以通过在线订购或电话订购的方式来购买商品，并选择在线支付、货到付款和自提等方式支付货款并收到货物。

在京东商城，厂商不需要缴纳进场费、装修费、促销费、过节费。免去各种费用之后，京东商城销售利润率比通过传统渠道销售高很多，返款周期也较短，仅为 20 天。库存管理方面，库存周转率仅为 12 天，与供货商做到现货现结。同时，解读京东商城供应链可以看到，供货、系统、数据、仓储、配送是一个综合的相互作用、不断升级的体系，而累积数据的时间和经验也直接决定着系统对整个供应链的管理效率。

第四节 “订单农业”模式类型（C2F/C2B/CSA）

C2F 指从消费者到农庄；C2B 指从消费者到企业，也称消费者定制方式；CSA 是 Community Supported Agriculture 的简称，中文意思为社区支持农业。我们把这 3 种形式合并称为“订单农业”。在这种模式下，农业生产者在农产品种植前，接受消费者预订订单，消费者需预先支付一定的订金，农业生产者按订单要求进行种植，待农产品收成后配送给消费者。“订单农业”有两类：一类是农产品经营者受规模所限，没有投入巨资建立电商平台，多是依托在淘宝网的 C 店或“聚划算”进行销售，代表是“聚划算”生鲜频道；另一类是自建生鲜垂直网站，接受订单，自有农场进行种植，典型代表是“踏歌”。

[案例 6] “聚划算”生鲜频道

淘宝网旗下的“聚划算”生鲜频道销售水果、海鲜、肉类等生鲜农产品，部分商品以“订单农业”模式进行销售。先累积大量的预订订单，再进行种植或养殖，待产品成熟，快递配送给消费者。“聚划算”生鲜频道的著名“订单农业”案例有“遂昌土猪”“巴美淖尔羊肉”。

“遂昌土猪”案例有着鲜明的遂昌模式烙印，农户提供散养猪，地方政府给以信誉背书和行政支持，当地电商负责运营，“聚划算”负责整合宣传资源。活动首日预订 6093 斤猪肉，营业额为 18.4559 万元，一个月后发货。但由于冷链物流没有跟进，夸大宣传，消费者收到货后，差评、退款、退货等纷至沓来，最终“遂昌土猪”网店被迫消失。“巴美淖尔羊肉”来自内蒙古巴彦淖尔的肉羊企业巴美肉羊公司，这是当地的一家龙头养殖企业。预售取得了 170 多万元的销售额，发货后用户的评论较好。目前，此店铺已经形成了持续的销售，主打产品保持着每月 200~500 单的销量。

- 价值创造模式：“订单农业”价值链是买方驱动的价值链，消费者通过“订单农业”能确保获取安全、高质量的农产品，农业生产者通过“订单农业”能有效避免盲目生产。
- 物流：目前的“订单农业”多数物流为第三方常温物流，生鲜农产品的保鲜度得不到有效保障，客户体验较差。
- 经营现状：“订单农业”的经营状况参差不齐，生鲜产品品质优良、物流服务良好的企业，收获了令人满意的营业收入。

农业生产者可以通过“订单农业”模式有效避免盲目生产，有利于了解市场需求，克服小生产与大市场的矛盾。“订单农业”的成功在于信用保障，失败的案例均因信用透支，交付的货物与宣传的差异较大。由于在国内刚刚起步，“订单农业”需要挑战消费者的接受能力，盈利之路需要慢慢探索。

第五节 C2C 模式类型

C2C 生鲜电商主要是在天猫、淘宝网、1 号店上从事生鲜经营的 C 店，据阿里巴巴集团披露，截至 2021 年，全网淘宝店铺约为 261 万家，并且还呈现上升的趋势。从农产品品类的销量来看，生鲜的销量增长率还在不断提升。

绝大多数生鲜 C 店店主是农业散户或个体零售商，受供应链上游货源、自身资金、物流的限制，经营规模小，持续期短，目前，生鲜 C2C 模式不是生鲜电商的主流模式。

为了满足人们日益增长的消费需求和多元化的消费习惯，C2C 平台模式下的网络营销是电子商务发展到一定历史阶段的产物，它融合了网络信息技术和个人之间的产品交易特点，为买卖双方搭建一条信息沟通—支付款项—交易完成—售后服务—消费者评价的桥梁。随着 C2C 平台模式在农业领域的不断渗透和应用，C2C 模式将孕育出巨大的市场机会，为农产品商家提供商机和市场竞争力的同时，也为消费者带来方便，在各种技术日趋完善的同时推动农产品销售从传统向现代化转变。在 C2C 模式下，网络平台将通过与国内快递公司签订协议，约定服务价格、内容和方式，以及赔付条件与款项，并规定由该 C2C 网络平台承担监控和监督物流公司对于投诉和索赔的处理责任。具体操作措施是：该网站汇总合作物流公司的运输费用、服务政策、客服以及监督举报电话等信息，让客户自行进行比较，从而选择适合自己的物流公司，与此同时，消费者通过在线下单获取相应物流服务。在这个过程中，该 C2C 网络平台不承担连带责任，物流过程中出现的商品损坏等问题由商家与物流公司沟通后，该物流公司承担相应责任，对消费者的损失进行负责。

第六节 微商模式类型

一、微商的定义

关于微商的定义，无论是媒体，还是从业人士或是学术界，至今没有一个统一的认识。最初的微商是微信朋友圈中售卖货物的个人和组织，可用“微信+电商”表示。随着微商平台的崛起，如微店、口袋通、有赞商城等，微商的内涵和外延得以扩大，微商绝对不等同于微信朋友圈内的卖货郎。微商可以在微商平台上面开一个移动网店，然后将店面的链接地址分享和发送到任何一个社交平台上，从这个意义上来看，微商已经超越微信这一个平台，微商也不再是“微信+电商”，而是所有的“移动社交平台+电商”。因此我们认为，微商是指那些以微信、QQ、陌陌、来往等移动社交平台为媒介，借助于微商平台开设微店，或直接在社交平台的朋友圈中开拓市场，展开销售活动或进行分销的组织或个人。微商是基于社会化媒体开店的新型电商，是一种社会化的电商。

二、微商的类型

第一类是品牌微商，这是朋友圈内的品牌代购者，采用朋友圈作为销售渠道，结合传统代理制进行销售管控。但由于品牌官方的放任和微商个人自控能力的缺失，不少品牌存在传销、制假售假现象，导致这种类型的微商遭受颇多的质疑。

第二类是个人微商，这种微商以在朋友圈的售货为主，适合非标准化产品，如生鲜水果、手工制品、土特产等。少数微商以次充好，以假乱真、暴力刷屏，透支了朋友圈的信用，这类微商也不被大多数人看好。

第三类是社群微商，由某个群体内的意见领袖发起，以兴趣点或某种情感共鸣形成的在线社群，通过有主题的运营，转换粉丝为消费者而实现变现。社群微商的主题不外乎传递价值、对接资源、学习帮助三类。社群微商多以培训切入，以专业辅导为主，培训新人，同时吸引和扶持成员成长为明星案例，最终扩大会员，提供高端服务收费。

第四类是平台微商，这类微商又分为两种：一种是指在微信小店、微盟 V 店、口袋购物等微商平台上开设微店的微商，这种微店在朋友圈内分享微店链接；另一种是基于微信公众号发布产品信息，如微盟旺铺、有赞微商城等。

微商平台是一个去中心化和去流量化的交易平台，有着一整套完善的交易机制，有效地避免了朋友圈刷屏、假货横行的现象。

（一）口袋微店

“微店”这个词几乎已经变成一个行业词汇，而最早使用“微店”的是由北京口袋时尚科技有限公司开发、帮助卖家在手机上开店的“口袋微店”（又称口袋购物，简称微店）。上线于2014年年初的微店，划时代地采用了用手机号开网店的模式，将电商的准入门槛拉到历史最低，商品的上架、编辑等功能也非常简单。这个“傻瓜式”开店工具很快引发了一股个人开店的潮流。由于上线早、门槛低、运营简单，使“口袋微店”迅速累积用户，抢占市场，目前依然是店铺数量最多的微店平台。其适用商家为有货源的个人（比如代购）。

（二）有赞商城

有赞商城原名口袋通，于2014年年末上线，是帮助商家在微信上搭建微信商城的平台，提供店铺、商品订单物流、消息和客户的管理模块，同时还提供丰富的营销应用和活动插件。有赞商城是独立的店铺系统，它和微信并没有直接的联系。但是商城和微信绑定之后，微信成为店铺面向粉丝的重要推广渠道。如果有微信公众号，就可以向粉丝推送图文消息，通过链接打开有赞商城，如果公众号具备自定义菜单权限，就可以直接单击商铺连接到有赞商城。如果没有微信公众号，则可以把搭建好的商城链接发送到朋友圈，粉丝单击链接就可以实现在店铺购买商品。其适用商家为有货源的个人店铺。

（三）京东微店

京东微店与腾讯合作在微信开通购买入口，具有其他微店平台不能相比的优势。京东微店在模式上偏B2C，主要为京东平台商家打造，许多京东平台商家还是会第一时间选择在京东微店继续开店。京东微店的优势在于：第一，基于移动端的微店商铺，提供装修店铺、货品上架、卖场生成、订单管理等一站式服务；第二，基于移动端微店设计，拥有庞大的潜在粉丝群体；第三，接入多种支付方式，可根据用户的需要提供最便捷的支付；第四，借助微信平台，可以跟买家实时沟通，提供即时、方便、快捷的沟通渠道；第五，目前京东微店不支持个人店铺，只支持企业店铺的注册，因此在服务体系上相对来说更完善，但是，开通京东微店需要缴纳20 000元的店铺保证金，还有后续平台服务费及交易技术费用，因此入驻门槛比较高。其适用商家为企业店铺。

（四）微盟V店

微盟在创立初期只是一个单纯的第三方开发者，帮助企业搭建微信官网，以展示信息为主，并不涉及在线交易。随着微信发展的日渐成熟，微盟正式推出“微盟旺铺”，帮助商户实现微信端的店铺装修、商品管理、订单管理、运费模板、营销管理和支付管理等，其移动电商的发展方向更加明显。在这个阶段，我们可以把微盟的角色理解成一个微信端的“商派”，帮助企业搭建 B2C 商城。如果说前面微盟都在服务与帮助微信官网搭建 B2C 模式的话，接下来微盟进入了一个质的飞跃，开始朝向 C2C 迈进。此时的微盟才能叫作“微商”。这一阶段微盟正式上线“V 店”（后更名为“萌店”），产品功能上类似口袋微店，但不同的是它有一个分销市场，个人店主可以在其分销市场选产品，上架到自己的店铺。这样一来，微盟的业务链条上就有了三个主要环节，最上游是供应商，提供货源；中间是分销商，也就是“微商”，他们负责选货、在社交圈中推广、卖货；最下游是消费者。其适用商家为个人店铺（有无货源均可）。

（五）微信小店

2014 年年中，微信公众平台宣布正式推出“微信小店”，凡是开通了微信支付功能的认证服务号皆可自助申请“微信小店”功能。通过微信支付转账，实现购买。想开微信小店需要满足以下 3 个条件：首先必须是公众号里的服务号；其次必须开通微信支付端；最后必须为该支付端缴纳 20 000 元的押金。因此，微信小店的准入门槛比较高，而支付方式只能用微信支付同样限制了微信小店的发展。随着微信的普及，微信小店还是会有一定商机的。其适用商家为企业店铺。

三、微商的创新点

与其他的电商模式比较，微商的创新之处在于它是一种信任经济，微商基于移动社交而发生交易，交易双方的关系首先是社交关系，然后是商业关系；交易基础首先是信用，然后是品质。由于微商交易的前提是与用户建立信任关系，适合个性化、非标准化的产品，微商比较成功的产品基本上停留在土特产、生鲜农产品上，这些产品更易借助社交关系进行传播和扩散，并形成购买。

四、生鲜微商（窝里快购）

生鲜微商集中在个人微商和平台微商中，生鲜个人微商适合销售自己生产的非标准化的生鲜，生鲜平台微商多是生鲜 B2B 和生鲜 B2C。生鲜 B2B 微商有易买果、美菜等，生鲜 B2C 微商有 15fen、天天果园、美味七七等。随着智能手机的普及，纯 B2C 生鲜电商的市场重心也从 PC 端移到了移动端，如顺丰优选、午苇生鲜、窝里快购等，这些纯 B2C 生鲜电商建立微信公众号，每天推送低价优质的生鲜信息，有效地提高了用户转化率。凭借微信巨大的流量，生鲜微商取得了令人瞩目的销售量，我们的调查显示，美味七七 90%的订单来自微信，天天果园则有 96%的订单来自微信。

[案例 7] 窝里快购

窝里快购是一家立足于杭州的全品类网上超市，生鲜占比 30%，由钱江晚报集团、耀江物业和风险投资商共同投资。窝里快购开通了微信公众号，每周推送信息 3 次，吸引了大量的客户从 PC 端转移到移动端。

窝里快购的目标客户为大众消费者，生鲜产品为中低端、大众化的日常消费品，小到 0.6 元一斤的一撮葱，大到 6 元一斤的水鸭，都是窝里快购的畅销产品。窝里快购依托《钱江晚报》的送报系统和耀江物业的物业系统，极大地降低了物流成本和流量获取成本。窝里快购共享《钱江晚报》配送资源，实行免费配送，《钱江晚报》的配送员上午 9 点之前送报纸，上午 9 点以后做配送。从流量来源上来看，窝里快购的新客户来源主要依靠《钱江晚报》的版面宣传，这种近乎“免费”的流量，使窝里快购的新客户获取成本极低。目前，窝里快购每天的销售额在 20 多万元，客单价 120 元，毛利率能达到 20%左右，基本能做到盈亏平衡。

第七节 O2O 模式类型

一、O2O 模式类型

严格地讲，生鲜电商按商业模式分类并不包含 O2O 模式，由于业内人士习惯将 O2O 作为一种商业模式，我们遵循这一行业惯例。O2O 即从线上（Online）到线下（Offline），具体指将线上互联网和线下商务机会相结合，实现线上、线下营销互动，为顾客提供更加便捷服务的一种模式。根据线上和线下作为服务前端的先后顺序，可以把 O2O 分为线上到线下（Online to Offline）和线下到线上（Offline to Online）两种形式。本书研究的 O2O 属于线上到线下。

O2O 模式为生鲜电子商务的“最后一公里”配送难题提供了解决方案，较为成功的 O2O 生鲜电商有厨易时代、家事易、爱尚鲜花、15fen 等。

[案例 8] 爱尚鲜花

爱尚鲜花属于 O2O 的第一代模式。爱尚鲜花成立于 2007 年，是国内较早从事 O2O 鲜花业务的电商，它与全国 1 万多家花店签约，覆盖到全国 600 多个城市。爱尚鲜花相当于一家鲜花平台，消费者从网上下单后，爱尚鲜花将订单分配给线下花店，1~3 小时以内，消费者可以选择就近自提或配送到户。

爱尚鲜花本身并没有库存，只负责网上下单和售后服务，线下花店负责鲜花制作、配送，爱尚鲜花从中分成 35%~40%。

[案例 9] 厨易时代

厨易时代是当前 O2O 生鲜电商中的佼佼者，经过 5 年的锤炼，打造出了“原产地生鲜产品+线上购物平台+线下终端‘厨易站’+城市生鲜食品配送网”这一全价值链的模式。厨易时代直签货源基地和品牌商，配置中央厨房，做净菜切配。厨易时代既提供食材，又提供净菜宅配，在社区设立“厨易站”，将加工好的净菜和食材冷链运输到各“厨易站”。“厨易站”中有可视化小冷库，以售卖并贮藏客户菜品，具有提货和展销双重价值，目前已经实现了全智能化独立运作。消费者上午在厨易时代网站上下单，下午可到“厨易站”自提或配送到家。

O2O 生鲜电商被业内普遍看好，认为是生鲜电商界最有前景的模式，O2O 商业模式的关键是终端店铺可以满足“消费者体验”需求，顺应消费者“挑挑拣拣”的习惯，此外，终端店铺还可以解决生鲜“最后一公里”的仓储配送问题。但 O2O 生鲜电商在商业在线支付闭环、农产品的标准等方面需要进一步深耕。O2O 商业模式下具体的 O2O 营销形式，如图 3-2 所示。O2O 营销的本质就是企业利用 PC 网站及手机客户端 App 的各种特色功能，来吸引消费者上网关注企业的产品、感受企业的服务，并在这个过程中形成对企业的良好感觉，进而主动转移到企业的线下商店进行消费的一种电子商务营销模式。这种电子商务模式具有 4 大要素，如图 3-3 所示。

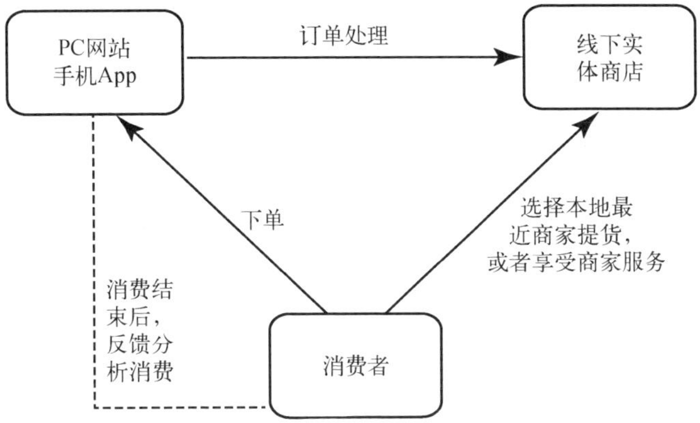

图 3-2　O2O 的营销形式

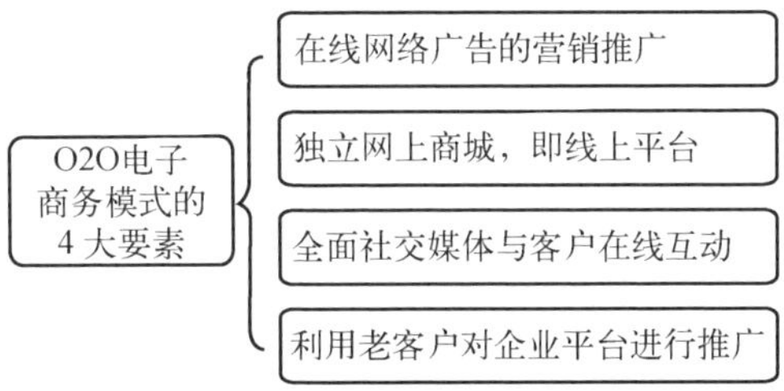

图 3-3　O2O 电子商务模式的 4 大要素

智能手机的普及让用户的线上消费和线下消费紧密地连接在一起，而由于互联网对用户消费链的渗透程度各有不同，因此 O2O 也存在着各种不同层级的模式。根据用户消费链的环节，可以把 O2O 的营销模式分为 3 种，如图 3-4 所示。

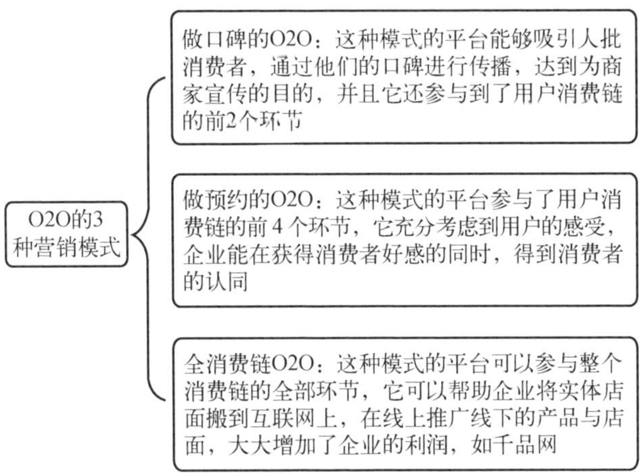

图 3-4　O2O 的 3 种营销模式

同样，O2O营销模式也有利于爆品的打造，因为其本身就是紧跟潮流、以用户为主的营销方式。以“京东到家”平台为例，“京东到家”与十几个城市的上万家便利店展开合作，打造京东小店O2O。此外，“京东到家”还联手服装、箱包、鞋帽等品牌连锁店，全面形成“大数据+商品+服务”的O2O营销模式。

二、O2O配送实施过程

（一）订单分配

电商平台在接收到客户所下的订单后，会在第一时间综合地理位置、末端节点仓储情况、订单详情、客户附加需求等多项信息来确定订单的分配。系统自动分配订单后，末端节点接单并在系统中显示订单处理进度。

（二）配送取货

订单成功分配，并在系统中确认接单后，社区店的工作人员或者第三方配送员会进行取货和验货工作。在验货过程中，需要核对订单品种、数量、相关金额以及产品的包装等。在取货过程中，需注意将不同品类产品分放，如半熟品类与冷藏品类分开、有特殊气味的水果之间做好分类等。

（三）订单妥投

生鲜电商配送员根据生鲜平台显示的客户需求点地理位置信息来自主选择合适的路线。由于O2O生鲜电商距离客户较近，采用的交通工具大多为电动车等轻便工具，配送员可在规定的时间段内及时将货物配送到客户处。在配送即将到达时，提前和客户预约确认收货，或者将货物投放到小区、写字楼的冷藏柜中。待到配送成功，货物送达客户手中后，确认客户签收信息，上传电商平台，关闭交易。如果出现订单异常、退货等现象，则按照平台相关规定酌情处理。

第八节　前置仓模式类型

作为一种仓配模式，前置仓在一定程度上提高了配置效率，优化了供应链，在2019年时成为新零售和电商的“风口”，其中的代表有“叮咚买菜”和“每日优鲜”，下面以“叮咚买菜”为例，介绍生鲜电商前置仓模式类型。

一、生鲜电商前置仓模式的优势

（一）选址优势

前置仓模式与其他模式最大的不同之处在于前置仓一般选在离消费者较近但人流量很少的地方，可能是某栋办公楼或某个社区里一个小型的仓库等。只要用户在“叮咚买菜”线上平台下单，短时间内就能由最近的前置仓安排配送员配送上门。

与传统的线下门店相比，由于前置仓不对外进行营业，仅负责提供生鲜配送服务，这就意味着前置仓对于地理位置的要求很低，有些前置仓的位置甚至在仓库、工厂等完全没有人流量的地方，选址时只需要做到覆盖住户数量大、环境有利于生鲜储存即可。人流量大的位置通常来说也意味着门店租金更贵、运营成本更高，把不对外营业的前置仓选址在这里也就本末倒置了。

（二）规模化效应

在前置仓模式下，前置仓仅作为一个单纯的执行单元，不做线下业务的特点使它不需要更多的创造力，更易于管理、扩张与复制。

规模化的第一个好处便是议价能力的提高。站在“叮咚买菜”的角度看，规模化程度提高，对于原材料“毛菜”的需求加大，使得公司在供应商面前拥有更强的议价能力，可以按更低的价格得到“毛菜”，或以同样的价格拿到品质更好的“毛菜”，在提升了菜品品质的同时也适当降低了采购成本。

第二个好处则是简化供应链，掌握加价权。从需求端来看，“叮咚买菜”设置有 1500+的 SKU，围绕一日三餐这一场景将用户的需求集中化，采用“生鲜+调味品”的组合模式，为用户打造了一站式的购物体验。从供应端来看，“叮咚买菜”采用城市批发采购而非源头采购，品牌供应商每日按需直供至自建的城市分选中心进行标品化处理，免去了源头采购的人力成本、仓储成本以及从源头长途运输过来的高额冷链运输成本，以实现简化供应链的目的。

在生鲜行业中，从成筐成车未分拣过的“毛菜”到分拣打包好成份的标准化菜品，两者间存在巨大的加价率差。因此，自建城市分选中心是规模化后的必然选择，这使“叮咚买菜”能把加价权掌握在自己手中。

第三个好处则是增加潜在用户数量。目前“叮咚买菜”一个前置仓的服务半径为 3 千米，前置仓设点的标准为半径 2 千米内 5 万住户且以年轻人居多，营销方式以地推等轻营销方式为主，主要针对都市白领，有很强的用户挖掘潜力。由于买菜是一种刚需、高频的场景，优质用户的黏性很高，很多人会一开始先下些低客单价的订单来体验，若体验良好则之后购买的品类、金额会随之提升，并会向身边人推荐，以老带新形成一个良性循环。

二、生鲜电商前置仓模式的劣势

（一）盈利模式单一

“叮咚买菜”的前置仓模式通过自建分选中心、自营物流，把加价权掌握在自己手中并以此赢利，缺乏更多的流量变现形式，赢利模式过于单一，这也是前置仓模式的核心痛点所在。

（二）难以往二线城市复制

平均客单价是前置仓模式能否往其他城市复制的一个关键性指标。目前“叮咚买菜”在上海市的平均客单价在 45 元左右，并且以每月 0.5 元左右的幅度增加；平均的获客成本在 22 元/人左右，其中包括地推奖金、新用户优惠券等。由于不同地段的消费者的差异，会存在品类运营差异、价格差异。一个城市内不同区域尚且如此，扩展到全国后复杂度更会大大上升，加上二线城市的消费水平明显会弱于北京、上海、广州和深圳这样的一线城市，一般的生鲜社区店的客单价为 20~30 元，因此，前置仓模式能否适用于其他二线城市值得思考。

（三）商业模式过于依赖资本输血

由于前置仓模式必须自建分选中心和物流来保证产品品质方面的竞争力，导致前期需要大量成本投入，通过补贴用户拓展新用户，预亏开仓，只有在获得一定市场占有率后，才能进入下一阶段。这意味着前置仓模式十分需要口袋“深”的投资者输血以维持前期开支，一旦融资出现问题，整个平台容易陷入困境。

目前，美团在上海上线了主打社区生鲜的“美团买菜”，盒马鲜生目前也在布局线下自营物流配送的模式，资本巨头入场使得线上生鲜电商成了一片红海，竞争更为激烈。在品质、配送差不多的情况下，用户的选择大都是哪家便宜去哪家，背后有资本巨头撑腰的平台更有底气大打价格战。不跟着降价会流失大量核心用户，跟着降价会使本就尚未实现盈利的初创公司更加举步维艰，参不参与价格战让公司陷入两难境地。

三、完善生鲜电商前置仓模式的建议

（一）做好用户留存，流量构筑护城河

互联网发展到今天，平台间同质化严重，用户迁移成本较高。对于“叮咚买菜”这样的公司来说，最主要的就是做好老用户的留存，通过严格把控的产品品质和一次次高质量的用户体验，不断提高用户留存率和次月复购率，减少用户流失。

（二）控制运营成本，提高盈利的能力

“叮咚买菜”2020 年初开始实现盈利，现阶段仍在通过不断的资本投入来扩大规模。解决流量和规模问题，并不一定需要烧钱补贴或密集宣传，而更多需要模式的创新性和可靠性。虽然“叮咚买菜”前置仓模式有着种种优势，但盈利模式单一、前置仓投入过大、收益难覆盖物流成本等弊端仍存在。在当下行业竞争越演越烈的情况下，应探索新的盈利手段，同时控制运营端成本，用运营效率的不断提升反向拉动用户需求，开源节流，提高盈利能力。

（三）做到稳扎稳打，不急于自身扩张

相较于“美团买菜”、盒马鲜生等平台来说，“叮咚买菜”缺少巨头的背书，在资本实力、流量来源以及体量规模方面处于下风。因此，首先要保证自身的资金链不受影响，之后才有可能拓展增长空间。“叮咚买菜”虽然目前在上海市扩张迅速，已经基本实现上海市除崇明区以外的地方全覆盖，但不能在还没有摸索出一套稳定的盈利模式前盲目扩张，更需要先做好区域化品牌，在运行成功一套模式及运营方法后，再由点及面向长三角二线城市扩张。

第四章　生鲜电商平台的选择与运营

虽然生鲜电商平台的选择很重要，但在选择运营平台时，生鲜电商经营者只有了解不同平台的优势和特点，并结合自身的实际情况，才能选择更适合的平台开展工作，达到预期的营销目标。本章主要介绍不同类型电商平台的特点和优势。

第一节　生鲜电商平台与运营概述

一、我国电子商务平台的应用现状

2020 年中国电子商务服务业营业收入达 5.45 万亿元，较 2019 年增加了 0.98 万亿元，同比增长 21.9%。2020 年受新冠肺炎疫情冲击，线下遭遇关店潮，线上服务需求迅速增长。直播购物、网上支付、无接触式配送、上门退货等成为疫情下消费者网购的“新常态”，商家对于 IT 解决方案、新型营销服务、专业运营服务、物流服务的需求直线上升。依托电商服务领域的科技创新、服务创新和营销创新，新业态、新模式不断涌现，无接触式配送服务、跑腿服务、PaaS 平台化服务、精准营销服务、主播培训服务、代运营服务等成为生活常态，促进了电商服务成本逐渐降低，效率不断提高。

二、我国电子商务平台在应用过程中存在的问题

（一）平台模式单一、转型缓慢

从 1997 年第一家企业电子商务平台——中国化工网成立至今，第三方企业电子商务平台已经历经了 20 多年的发展历史，其商业模式从信息服务平台，逐渐转变成交易服务平台、资源整合平台，而盈利方式却还是以会员费、广告费、其他增值服务费为主，整体商业模式单一、转型缓慢。

（二）市场占有率低、模式重复性高、创造能力差

目前我国垂直类企业电子商务平台行业模式单一，跟风严重，模式重复率高，创新能力较弱。每个行业都有几十家业务模式相似的企业电子商务平台，主营业务仅以会员费和广告费为主，只有少数行业网站才能提供一些简单的增值服务，缺乏有价值的模式创新，如电源网的广告收入占的比例最大；其次依次是服务收入、线下活动收入和会员费。由于垂直类企业电子商务平台创新能力弱，加上服务只停留在提供简单的供求信息层面，导致多数垂直类企业电子商务平台必须依靠销售拉动营业额，使其企业的销售人员比例竟然占到50%以上。

（三）轻技术业务，重平台和营销

在业务模式方面，我国第三方企业电子商务平台注重电子商务平台的搭建，善于利用平台的知名度进行营销活动，而对于如何将企业业务通过电子商务平台运营，提供企业交易过程中真实需要的业务与资本服务，则是我国第三方企业电子商务平台的薄弱之处。例如，TI公司（德州仪器）是半导体行业中的重要厂商，提供半导体行业中大量的芯片产品。TI公司的样片与采购功能是如何在企业电子商务平台上实现的，如何展示授权代理商的库存情况，这些内容是采购企业不关心的，采购企业关心的是最小包装是多少只，包装的样式如何，哪家授权代理商有多少库存等业务细节的信息。

（四）参差不齐

电子商务快速发展的同时，由于其虚拟性本质，诚信缺失问题在第三方企业电子商务平台领域日益凸显，尤其是产品以次充好、擅自取消订单、订单付款后通知无货等问题最为突出，这也导致针对电商的各种投诉一直位居相关平台之首。如2011年阿里巴巴的“诚信门”“围攻门”，京东、当当网等的“泄密门”；2012年，联想、易迅、亚马逊中国等网站的“错价门”、淘宝网的“评价门”。电商诚信缺失成为电子商务发展看不见的障碍，推动电子商务交易诚信环境的重建显得十分必要。2021年，随着电商行业发展越来越快，头部主播因偷漏税被处以天价罚单的情况时有发生，直播电商的高速发展或许将被按下暂停键。

三、电子商务平台的应用实证分析

下面以湖北省“两圈”为例介绍电子商务平台的应用。

（一）搭载平台是企业开展电子商务的重要途径

企业有没有开展电子商务，一是看企业有没有自建门户网站，二是看企业有没有搭载第三方电子商务平台。湖北省“两圈”自建网站企业和搭载平台企业的情况，如表 4-1 所示。

表 4-1　湖北省“两圈”自建网站企业和搭乘平台企业的情况

区域	开展电子商务企业数量/家	自创网站企业		搭载平台企业	
		数量/家	比例/%	数量/家	比例/%
武汉圈	15 862	5560	35.1	13 690	86.3
鄂西圈	10 849	1395	12.9	9893	91.2

武汉圈开展电子商务的企业中，搭载平台企业占开展电子商务企业的比例（86.3%）高于自建网站企业占开展电子商务企业的比例（35.1%）；鄂西圈开展电子商务的企业中，搭载平台企业占开展电子商务企业的比例（91.2%）远远高于自建网站企业占开展电子商务企业的比例（12.9%）。这说明，绝大多数企业开展电子商务都是通过搭载平台这一途径来实现的。企业自建网站开展电子商务需要一定的经济能力做支撑，维护电子商务系统的运营以及招聘专业技能人才需要昂贵的费用。因此，多数企业选择通过搭载第三方电子商务平台来开展商务。

（二）区域经济水平、企业规模大小对企业搭载平台有一定的影响

由表 4-1 中可以看出，武汉圈自建门户网站的比例（35.1%）明显高于鄂西圈自建网站的比例（12.9%），而武汉圈搭载平台开展电子商务的比例却比鄂西圈低 4.9 个百分点。在湖北，武汉圈的经济发展明显要好于鄂西圈，从以上分析可以得出，在经济发展较好的地方，企业自建网站开展电子商务的较多；而在经济欠发达的地方，企业更趋向于通过搭载平台来开展电子商务。企业搭载电子商务平台不仅受到区域经济水平的影响，还与企业自身规模有一定的关系。参照工业企业规模划分标准，将当年产品销售收入 500 万元以上的企业定为规模以上企业，销售收入 500 万元以下的企业定为规模以下企业。湖北省“两圈”不同规模企业利用自建网站和搭载平台开展电子商务的情况如表 4-2 所示。

表 4-2　湖北省“两圈”不同规模企业利用自建网站和搭载平台开展电子商务的情况

规模	开展电子商务企业数量/家	自建网站企业		搭载平台企业	
		数量/家	比例/%	数量/家	比例/%
规模以上	7610	2232	29.3	7016	92.2
规模以下	15 936	4541	28.5	14 652	91.9

由表 4-2 可见，无论是在自建网站方面还是在搭载平台方面，规模以上企业的比例要优于规模以下企业。然而，规模以下企业在自建网站率低于规模以上企业自建网站率的情况下，平台搭载率仍然和规模以上企业平台搭载率相当。这说明，规模以下企业通过搭载平台来开展电子商务的更多，搭载平台对规模以下企业开展电子商务更加重要。

（三）综合平台和行业平台搭载率高，区域平台搭载率较低

电子商务平台的类型多种多样，不同企业对电子商务平台的选择略有偏重，湖北省“两圈”企业搭载不同类型电子商务平台的情况见表 4-3 所示。

表 4-3　湖北省“两圈”企业搭载不同类型电子商务平台的情况

区域	搭载平台企业数量/家	综合平台		行业平台		区域平台		政府门户网站		总公司平台	
		数量/家	比例/%	数量/家	比例/%	数量/家	比例/%	数量/家	比例/%	数量/家	比例/%
武汉圈	13258	8671	65.4	6974	52.6	1154	8.7	—	—	—	—
鄂西圈	9624	4050	42.1	4021	42.8	712	7.4	1089	11.3	2984	31

从搭载平台的类型来看，武汉圈开展电子商务的企业中，综合平台和行业平台搭载率都在 50%以上，区域平台的搭载率只有 8.7%；鄂西圈中，搭载率高的是综合平台（42.1%）和行业平台（42.8%），其次是总公司平台和政府门户网站，区域平台的搭载率最低，只有 7.4%。区域平台的搭载率低的原因有 3 个：①区域平台的建设需要投入大量硬件，各地区区域平台数量较少；②区域平台自身功能不够完善，不能满足企业的个性化要求；③部分企业没有认识到搭载区域平台开展电子商务的意义。

（四）平台搭载种类单一，多类平台同时搭载较少

在对湖北省“两圈”企业电子商务网络调研中发现，有些企业在开展电子商务的过程中同时搭载了多类平台。因此，平台搭载的种数多少也能反映出企业开展电子商务水平的高低。湖北省“两圈”企业搭载多类电子商务平台的情况如表 4-4 所示。

表 4-4 湖北省“两圈”企业搭载多类电子商务平台的情况

区域	搭载平台企业数量/家	综合平台		行业平台		区域平台		政府门户网站		总公司平台	
		数量/家	比例/%	数量/家	比例/%	数量/家	比例/%	数量/家	比例/%	数量/家	比例/%
武汉圈	13258	10182	76.8	2784	21	252	1.8	—	—	—	—
鄂西圈	9624	7427	75.3	1905	19.8	366	3.8	115	1.2	0	0

从搭载平台的类别来看，湖北省“两圈”开展电子商务的企业中，搭载一类平台开展电子商务的企业占搭载平台企业总数的比例均在 76%左右，同时搭载两类平台的比例均在 19%左右，同时搭载三类平台的比例均不到 4%，没有企业同时搭载五类平台来开展电子商务。搭载平台需要一定的费用（注册费、会员费、店铺费、维护费等），很多企业尤其是中小企业，只选择一类或两类平台来开展电子商务。

（五）利用平台发布信息居多，交流互动较少

从对湖北省“两圈”的企业电子商务调查中发现，95%以上的企业在搭载的第三方电子商务平台上发布企业介绍、产品宣传或人才招聘等信息，并且介绍比较简单的在线营销、在线订购、在线支付、在线服务功能的应用比例均不到 10%。也就是说，企业在开展电子商务时，对平台的利用大多局限于交易前（网络宣传、营销）的应用，对于交易中（在线采购、在线支付）和交易后（在线售后服务）的互动应用较少。

四、电子商务平台的应用对策分析

（一）根据平台特点与企业实际情况，合理选择搭载平台的类型

第三方电子商务平台类型众多，不同类型的电子商务平台有不同的特点。例如，综合平台具有行业覆盖面广、平台内容广度大、客户资源庞大等特点；行业平台显著的特点就是专业化、垂直化，平台内容深度大，行业分工精细；区域平台则主要是针对某一特定区域范围内的综合性或行业性平台；政府门户网站主要是由政府主办，具有权威性、公信力较大；总公司平台具有一定的隶

属关系，专业性比行业平台更强。因此，企业在选择搭载平台时，应该根据自身的规模、技术、业务流程、产品、组织结构所处的地理区域等要素，结合不同电子商务平台的特点，合理地选择第三方电子商务平台。如果企业交易合作的对象是另一些企业，可以选择 B2B 电子商务平台；如果企业直接和消费者产生交易，则可以选择 B2C 电子商务平台，还可以根据产品的特性，适时地选择综合电子商务平台或行业电子商务平台；如果想在某个区域内产生一定的影响，则可以考虑选择搭载区域平台；如果企业只是想宣传推广某一种产品信息，则可以选择一些信息发布平台。

（二）尽可能搭载多类型平台，实现不同类型平台的优势互补

第三方电子商务平台的类型不一样，其优势也各不相同。因此，不同类型的平台搭载组合将有助于企业更好地开展电子商务，企业搭载三个同类型平台与搭载三个不同类型平台的效果是不一样的。对于地方性的中小型企业，通过对综合平台、区域平台和政府门户网站的搭载，能在一定区域范围内提高其影响力，扩大其产品销路，并且这些平台的组合搭载成本相对较低；而对于大型企业，搭载综合平台、行业平台或者上级平台，则易于在更大范围内扩大市场份额，利于企业产品影响力在广度和深度上展开。因此，企业在自身经济能力允许的情况下，应优先考虑搭载多类平台，将不同平台的优势充分利用起来，最终达到扩大产品销路，增加企业利润的目的。

（三）充分利用平台提供的各项功能，实现真正意义上的电子商务

利用平台做好企业产品和服务的宣传与推广，发布企业和产品信息是电子商务平台的基本功能，也是企业利用最多的功能。企业应充分利用平台来发布一些对买方有用的信息，例如，企业简介、企业文化、企业组织结构、企业供求、产品宣传、产品质量等信息，这样买方得到的信息比较全面，不会因为买卖双方信息不对称而影响后期的交易。在平台上发布信息时应注意图文并茂，并经常更新。

应充分利用平台提供的网上洽谈、在线订单、在线支付、售后服务等功能。国外有关研究表明，利用电子商务平台能帮助企业实现产品促销、供应商关系管理、客户关系管理与服务、内容管理、库存管理、ERP 管理、数据流捕获、价格定制等功能。企业可以利用平台提供的网络留言、在线咨询、在线询价、在线音频、在线视频等功能，完全打破空间的限制，及时与买方实现网上洽谈，充

分了解顾客的真实需求，这样有利于企业挖掘更多的潜在客户，促成更多的交易。网上洽谈成功后，可以利用第三方电子商务平台提供的在线订单功能，让顾客在线提交联系方式、地址、产品数量、需求、备注等详细信息，企业可以利用这些信息及时准确地发送产品，同对方建立长久的客户关系，为后期的进一步交易与服务跟踪提供信息。在线支付是指买卖双方通过因特网上的电子商务网站进行交易时，银行为其提供网上资金结算服务的一种工具，它为买卖双方提供了一种安全、灵活、快捷、方便的电子商务应用环境。企业应利用平台的在线支付功能，实现在线支付。企业还应利用第三方电子商务平台提供的一些即时交流工具，做好完善的售后服务，实时与客户取得联系，关注客户对企业、产品以及服务的评价，利用这些有利的反馈信息，及时自我剖析，使企业的各项服务趋于完善。

企业还可以利用平台提高信誉度。国内网络调查表明，90%以上的企业认为电子商务最大的问题是信用。由于不能确定对方是否讲信用，人们担心自己付出的资金和时间是否能够得到回报。因此，许多厂商虽然通过第三方电子商务平台找到了客户，但却不敢达成交易。美国商业改进局认为，很多人不愿意在网上购物，其主要原因在于企业的诚信问题。也就是说，“诚信”是制约电子商务活动的一个主要因素。现在很多第三方电子商务平台都提供了这样一个机制，对注册的会员建立诚信档案库，例如，阿里巴巴推出了网上交互式信用管理体系“诚信通”、慧聪网推出的“买卖通”网络诚信平台等。因此，企业要充分利用第三方电子商务平台的这类功能，提高企业信誉度，给客户以良好的印象。

第二节　生鲜电商淘系平台开店及运营

一、淘系平台开店

（一）淘宝开店

淘系平台有两个重要的分支：一个是淘宝 C 店（集市店，个人店铺）；另一个是天猫商城。淘宝 C 店的申请仅需要身份证、银行卡和与银行卡预留一致的手机号码。

（1）注册一个淘宝账号，进行实名认证，如图 4-1 所示。

图 4-1　注册淘宝账号

（2）登录淘宝账号，单击右上角的“卖家中心”，单击“我要开店”，进行实名认证，如图 4-2 所示。

图 4-2　免费注册开店

（3）根据页面提示进行开店考试，并根据页面提示进行操作。资料审核时间为 48 小时。淘宝实名认证的同时也要进行支付宝实名认证。

（4）淘宝开店需要缴纳一定的保证金，这个在店铺停止运营后可以申请退款。如有违规行为和被处罚会从里面扣除，如图 4-3 所示。

（5）申请开店之后需要发布 10 款商品，店铺才能正式上线店铺后台。

（6）信誉在 1 钻以下的旺铺是免费的，1 钻以上的旺铺每月需要缴纳 50 元的费用。淘宝的信用等级为每一笔交易好评增加 1 分，中评不加分，差评减 1 分。

（7）营销工具包括打折的工具、搭配套餐的营销工具、视频营销工具、淘宝宝贝关联营销工具，一般新店前期使用这 4 种就可以了。

图 4-3　淘宝店面注册

随着对淘宝的熟悉可以增加一些付费使用的工具，这些工具都可以在“我的服务”页面找到和购买。随着电商行业的发展，网店的开设已经从粗放的管理模式升级成精细化的管理模式，任何一种商业行为都需要持续的付出和不懈的努力。

（二）天猫商城开店

天猫商城成立于 2008 年，经过多年的发展，天猫开创的“双 11”购物节，已经成为全球三大网络购物节之首。天猫商城的生态系统更加完善，逐渐成为传统企业开展电商的必经之路。天猫商城店铺主要分为旗舰店、专卖店、专营店、卖场型旗舰店，四者主要差别在于经营品牌的数量及对品牌的拥有权。经营店铺的基本要求就是商家资质必须为公司且拥有各自的经营品牌。

1. 商家申请店铺资质要求

申请天猫商城店铺，需要具有法人资格，拥有品牌经营所有权，公司注册资本等于或者高于 100 万元人民币，具备一般纳税人资格。天猫商城暂不接受个体工商户的入驻申请，也不接受非中国大陆企业的入驻申请，同时暂不接受未取得国家商标总局颁发的商标注册证或商标受理通知的品牌开店申请（部分类目的进口商品除外），也不接收纯图形商标的入驻申请。多数类目对专营店暂不招商，对于卖场型旗舰店，多采取邀请入驻的方式。随着经营类目、网络环境的改变及国家政策的变化，天猫商城的入驻规则也会有一些特殊及新的要求。

2015 年 3 月 9 日天猫商城颁布新规定，天猫商城建立热招品牌库，库内品牌才能入驻。

商家不在天猫热招品牌库，也可以自荐优质品牌给天猫，申请时尽可能地展示企业和品牌实力的图文说明，天猫商城会对品牌进行价值评估。

（1）企业资质列表（复印件加盖开店公司公章），包括：

①企业营业执照扫描件（需确保未在企业经营异常名录中且所售商品在营业执照经营范围内）；

②银行开户许可证扫描件；

③法定代表人身份证正反面扫描件；

④联系人身份证正反面扫描件；

⑤商家向支付宝公司出具的授权书；

⑥一般纳税人资质（需具备一般纳税人资格）。

（2）品牌资质列表（复印件请加盖开店公司公章），包括：

①商标注册证或商标注册申请受理通知书扫描件；

②独占授权书。

（3）行业资质列表，包括：

①检测报告；

②店铺内经营的商品（每个品牌）须至少提供一份由第三方权威机构出具的检测报告，各类目需提供检测报告的商品及检测项目要求，详情请参见《天猫抽检规范细则》；

③产品清单。

如果商家申请入驻的品牌产品为进口产品，还需要提供近 1 年内的中华人民共和国海关进口货物报关单，报关单上应展现对应品牌名称及商品名称。

2. 店铺资费标准

店铺资费主要由以下 3 部分组成。

（1）保证金。

在天猫商城经营必须缴纳保证金，保证金主要用于保证商家按照天猫商城的规范进行经营，并且在商家有违规行为时根据《天猫服务协议》及相关规则规定用于向天猫及消费者支付违约金。保证金根据店铺资质及商标状态不同；分为 5 万元、10 万元和 15 万元三档。保证金不足额时，商家需要在 15 日内补足余额，逾期未补足将对商家进行监管，直至补足。

（2）软件服务年费。

商家在天猫商城经营必须缴纳年费，可以通俗地理解为店铺使用租金。年费金额以一级类目为参照，分为 3 万元和 6 万元两档。天猫商城将对软件服务年费有条件地向商家给予商业折扣，折扣比例为年费的 50%和 100%两档（新车/二手车类目除外）。

①各项店铺评分（DSR）平均不低于 4.6 分；

②未因违规行为/资质造假被清退；

③未因虚假交易、不当使用他人权利的一般违规行为，单次扣分大于等于 12 分，累计达两次及以上；

④达到《天猫 2018 年度各类目年费软件服务费一览表》中软件服务年费金额及各档折扣比例对应的年销售额（商家当年所有交易状态为“交易成功”的订单金额总和，除去虚假的交易订单以及违规订单，该金额中不含运费。也不包含因维权、售后等原因导致的失败交易金额及一级类目名称为“其他”项下的交易金额）。

小资料：

天猫商城规定首月免年费，如果是 8 月 5 日开店，那么销售额统计时间为 9 月 1 日到 12 月 31 日，即 4 个月，相应的需要达到的标准就不同。计算方式是：18 万元/12 月=1.5 万元/月，4 个月×1.5 万元/月=6 万元，也就是说，只需在这 4 个多月中做足 6 万元就可以返还 50%年费，但是要返还全部年费，60 万元/12 月=5 万元/月，4 个月×5 万元/月=20 万元，需要 4 个多月中做足 20 万元。注意，这里的销售额是不包括运费的。如果天猫店铺涉及两个及以上的类目经营。那么取最高标准的这个类目。次年第一个季度会返还相应的技术年费，打款到天猫店铺相关的支付宝账号。

（3）软件服务费（实时划扣）。

商家在天猫商城经营需要按照其销售额的一定百分比（以下简称“费率”）缴纳软件服务费。如表 4-5 所示为食品类目下部分类目软件服务费费率。如图 4-4 所示为天猫商城商家入驻流程。

表 4-5　食品类目下部分类目软件服务费费率

天猫经营大类	一级类目	软件服务费费率	二级类目	软件服务费费率	三级类目	软件服务费费率	四级类目	软件服务费费率	软件服务年费（元）	享受 50%年费折扣优惠对应年销售额（元）	享受 100%年费折扣优惠对应年销售额（元）
食品	零食/坚果/特产	2%							30 000	180 000	600 000
	酒类	2%							30 000	180 000	600 000
	咖啡/麦片/冲饮	2%							30 000	180 000	600 000
	茶	2%							30 000	180 000	600 000
	粮油米面/南北干货/调味品	2%	米/面粉/杂粮	1%					30 000	180 000	600 000
			食用油/调味油	1%	蚝油	2%			30 000	180 000	600 000
					鱼露	2%			30 000	180 000	600 000
					花椒油	2%			30 000	180 000	600 000
					麻油	2%			30 000	180 000	600 000
					香油	2%			30 000	180 000	600 000
					其他三级类目	1%			30 000	180 000	600 000

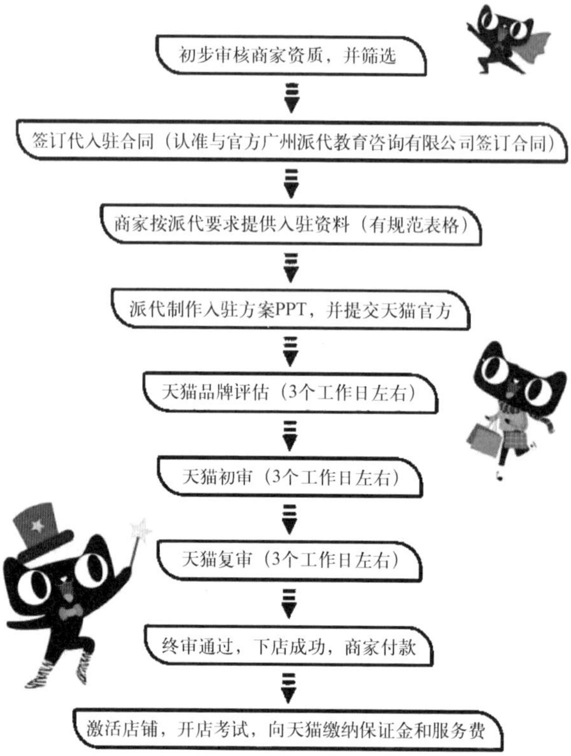

图 4-4　天猫商城商家入驻流程

3. 资料提交及审核

资料准备完毕，只需要按照流程在天猫商城招商频道，单击对应的类目、输入品牌、查询、提交入驻申请即可。按照提交流程填写店铺类型：类目信息、品牌信息、企业信息、店铺命名信息、提交审核即可。

提交天猫商城店铺类型、品牌、类目信息时，天猫商城会根据商家品牌影响力及天猫商城的品类结构和消费者请求再次提醒商家核实自己的资质。除了提交相应的品牌资料证书外，还需要提交如下资料。

①品牌定位：风格、受众群体、货品单价；

②品牌经营实力：品牌成立时间，线下经营情况（门店近一年交易额、外贸出口额等）、淘宝或其他平台的经营情况；

③品牌特色：原创设计师品牌、特色服务；

④企业实力：工厂、企业获奖和运营计划等特色信息。

在店铺命名阶段，商家可以根据《天猫店铺命名规范》进行自命名，其命名规则如表 4-6 所示。

表 4-6　天猫商城店铺命名表

店铺类型	命名规则	域名规则
旗舰店	品牌名+（类目）+旗舰店	品牌英文名（或者品牌中文名拼音）
专卖店	品牌名+企业字号+专卖店	品牌英文名（若无，则使用品牌中文名拼音）+企业字号全拼或者首字母
专营店	企业字号+类目+专营店	企业字号全拼或者首字母+品类名全拼或者首字母
注释	1. 店铺名字不得超过 24 个字符，支持中文、英文和数字 2. 域名不得少于 4 个字符，支持英文、数字和“—”（英文状态下的横杠） 3. 多品牌旗舰店可选用经营中的任意一个品牌+（类目）+旗舰店命名 4. 由商标权利人独占性授权开设旗舰店的，若独占授权书中有类目限制，或者该品牌有多条产品线，商家只经营其中一条产品线产品，则必须在店铺名字中 5. 专卖店命名中若企业字号与品牌名一致则启用以下规则：品牌名+企业|行业词/区域+专卖店	

店铺提交完毕，就进入品牌评估和资质审核阶段，天猫商城后台会有进度提示，审核周期为 3~6 个工作日。如有需要修改的内容，天猫商城客服会联系商家进行修改。

4. 缴纳相关保证金，正式开始店铺运营

经过上述初步信息完善后，商家在对应的支付宝账户缴纳保证金，缴费 24 小时即可发布商品。不同的类目要求发布商品数量不一样，一般为 10 个。

以上就是天猫商城店铺入驻的流程，国内众多的电商平台，如京东商城、唯品会、苏宁易购等，它们的注册申请流程跟天猫商城也是比较接近的，相关入驻流程及细节内容可以参考如下网址。

- 京东：https：//zhaoshang.jd.com/index；
- 唯品会：https：//vis.vip.com/stpulate/；
- 苏宁易购：https：//sop.suning.com/。

二、淘系网店运营

以直通车为例来介绍淘系网店的运营功能。直通车是一种付费推广的竞价广告系统，类似“百度竞价”以及“谷歌 Ad-Worde”，商家通过直通车后台设置关键字、创意文案、排名出价，用户通过搜索关键字查看搜索结果，商家按照客户

单击付费的两种广告模式。淘宝 SEO 直通车虽然是在付费基础上的流量推广，但其见效快、针对性强，是商家快速引流的几大工具之一，不但可以用来提高销量，还有在商品上新前测款、商品发布初期快速引流、宝贝上架后打造爆款等功能，如图 4-5 所示。

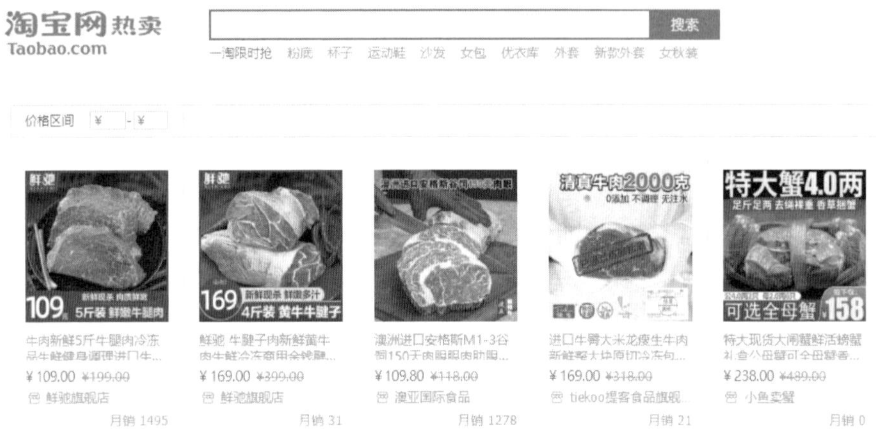

图 4-5 直通车展示位置

直通车操作手册如下。

（1）通过“卖家后台”——“我要推广”——“直通车推广”，首次使用需要符合开通直通车的条件，然后签署协议、充值就可以开通直通车。

（2）新建推广。选择推广目标是日常销售还是测款，添加商品的系统会自动提取商家可以参加直通车推广的商品，选择“优选宝贝”进行推广。

（3）添加创意，就是选择推广的主图和编辑标题。

（4）关键字的选择。关键字系统会提供一些关键词供商家选择，选择好商品后，就要修改创意和选择图片，按照淘宝的要求填写创意。

（5）选择人群。随着“千人千面”和“人群标签”的发展，会有更多精细化的人群供商家选择，对于客户的定位也将更加的精准。

（6）批量推广是直通车为商家提供的智能化推广功能，只需要进行简单的计划设置，即可开始直通车推广。

直通车的排名是关键词出价和质量得分的总和排名，不是出价最高就可以得第一名，而是系统根据商家的综合表现给出一个质量得分，出价和质量得分共同决定商家的排名。宝贝推广排名等于出价与质量相乘的得分。影响质量得分的因素有创意质量、相关性、买家体验等。

第三节　生鲜电商京东开店及运营

一、京东开店

（一）开店流程

1. 入驻前准备

1）了解招商信息

（1）品牌。如果不在京东重点招募品牌中，则可以推荐优质品牌给京东，如图 4-6 所示，部分类目不限定品牌招商，比如农产品类目。

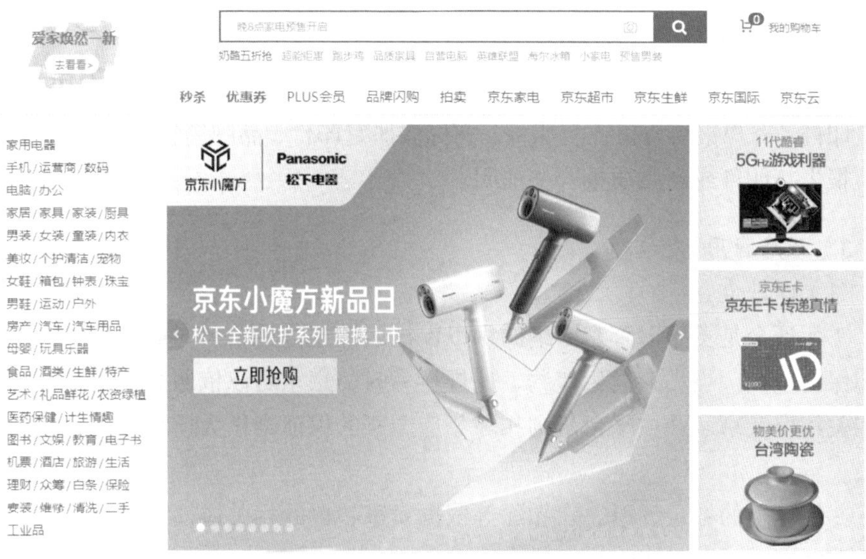

图 4-6　京东主页

（2）企业。合法登记的企业用户注册资金不能低于 59 万元人民币，并且能够提供京东入驻要求的所有相关文件，不接受个体工商户。

（3）品牌入驻限制。与京东平台已有的自有品牌、频道、业务、类目等相同或相似名称的品牌；包含行业名称或通用名称的品牌；知名人士、地名的品牌与名品牌相同或近似的品牌。

（4）同一主体入驻店铺与开放平台限制。

①单个店铺只可对应一种经营模式，内容请参考与卖家签署的对应合同；

②同一主体开设若干店铺的，经营模式总计不得超过两种，且须在开展第二种经营模式时提前 10 天向京东提出书面申请；

③要求店铺间经营的品牌及商品不得重复；

④严重违规、资质造假被京东清退的，永久限制入驻；

⑤若卖家一年内主动退出两次，则自最后一次完成退出之日起 12 个月内限制入驻。

（5）续签限制。须在每年 3 月 1 日 18 时之前完成续签申请的提交，每年 3 月 20 日 18 时之前完成平台使用费的缴纳，如果上一年及下一年资费及资料未补足，京东将在每年 3 月 31 日 24 时终止店铺服务并下架商品。

2）准备资质材料

（1）查询入驻类目所需资质和费用，不同类目的资质和费用会有所不同。准备的资料需加盖开店公司公章。

（2）入驻商家需要提供营业执照复印件、组织机构代码证复印件、税务登记证复印件、开户银行许可证复印件、商标注册复印件、品牌销售授权证明复印件、质检报告复印件或产品质量合格证明。

3）开店费用

（1）保证金。

①保证金是卖家向京东缴纳的用以保证店铺规范运营及对商品和服务质量进行担保的金额。当卖家发生违约、违规行为时，京东可以依照与卖家签署的协议中相关约定及京东开放平台规则扣除相应金额的保证金作为违约金或给予买家的赔偿。

②保证金的补足、退还、扣除等依据卖家签署的相关协议及京东开放平台规则约定办理。

③京东开放平台各经营类目对应的保证金标准详见《京东开放平台经营类目资费一览表》。

（2）平台使用费。

平台使用费是卖家依照与京东签署的相关协议使用京东开放平台各项服务时缴纳的固定技术服务费用。京东开放平台各经营类目对应的平台使用费标准详见《京东开放平台经营类目资费一览表》。续签卖家的续展服务期间对应平台使用费须在每年 3 月 20 日 18 时前一次性缴纳，新签卖家须在申请入驻获得批准时一次性缴纳相应服务期间的平台使用费。

（3）费率。

费率是指卖家根据经营类目在达成每一单交易时按比例（该比例在与卖家签署的相关协议中称为“技术服务费费率”或“毛利保证率”）向京东缴纳的费用。京东开放平台各经营模式、各经营类目对应的费率标准详见《京东开放平台经营类目资费一览表》。

4）开通京东钱包

提前开通京东钱包可在入驻审核后的开店任务中直接使用，注册京东钱包及钱包实名认证预计需 2 个工作日。开通京东钱包不影响店铺入驻资质的提交及审核，开通后再注册。

2. 入驻申请

1）注册账号

先注册京东个人用户账号，录入开店联系人的信息和公司信息，选择想要的店铺名称和域名。

2）提交申请

签署合同后提交入驻申请，提交资料等待审核，如表 4-7 所示。

3. 京东审核

表 4-7　京东审核程序

资质初审要求	招商复审	审核进度查询	缴费
1. 资质真实有效； 2. 规模达到入驻要求； 3. 授权有效，链路完整 4. 生产、经营范围、产品安全性、资质完整、符合国家行政法规许可要求	1. 招商复审； 2. 店铺授权	1. 商家可查询入驻审核进度； 2. 入驻过程中的重要信息，京东会以邮件联系	1. 在线支付； 2. 京东确认缴费无误，店铺状态变为开通
7 个工作日	8 个工作日	邮件沟通	1 个工作日

4. 商品上架

商品上架是电商开店的重要部分，本节重点讲解京东商品的上架。

1）商品类目选择

登录“商家后台”，进入“商品管理”—“添加新商品”，选择添加商品所在分类。确认无误后，单击“商品发布”按钮，进入“商品发布”页面。浏览器一般会保存我们常用的类目，只需要在下拉框中选择，还可以从“选择您经常使用的类目”中快捷选择类目信息。商品一旦生成，类目信息不可更改，所以请谨慎选择类目信息。

2）增加商品名称标语

商品名称添加规范：品牌名（中文|英文）、产品名称（款式|系列）、附加产品特点货号，最多输入 45 个字。

商品标语最多输入 45 个字。当商品参加促销时，促销级别的宣传语，优先级要高于此商品级别的商品标语。

3）添加商品属性

不同类目拥有不同的商品属性，带红色星号的信息为必填项。

4）添加商品信息

带红色星号的信息为必填项。

5）添加 SKU 信息（销售属性）

直接勾选颜色、尺码等属性值信息，即可批量生成 SKU 信息。

6）图片管理

单击“图片上传”，目前提供“本地上传”和“从图片空间选择”两种方式。

7）商品描述

商品描述中支持常见的图片格式，如 JPG、JPEG、GIF、PNG、BMP 等，单张容量最大 512 KB，宽度为 750 像素以内。

8）物流等相关信息填写

在“针对商品设置发票限制”，以及“下单是否输入验证码”等进行特殊配置，在“商品级别”设置运费信息。

9）完成

（1）保存且下架。商品编辑成功，但是不会上架销售，可在“待售商品列表”进行查看。

（2）开始销售。商品编辑成功，且上架销售，用户可购买，可在“在售商品列表”进行查看。

（二）平台规则

1. 虚假交易

虚假交易是指商家通过不正当方式提高在京东开放平台商品的销量或提高店铺评分（“炒作”行为），妨害消费者购物权益的行为。

系统识别后对涉嫌虚假交易的订单不计入搜索排序，涉嫌虚假交易的商品会被系统进行降权或屏蔽处理。虚假交易中通过不正当方式提高商品销量或提高店铺评分的，京东有权删除该商品或相关的店铺评分。

2. 错放类目和错放属性

错放类目是指商品放置的类目与京东要求放置的类目不一致；错放属性是指发布商品时填写的品牌、材质、规格等商品属性与商品标题或商品描述不符。

系统识别商品错放类目和错放属性后，会自动降低商品人气分，商品会被降权或屏蔽。待商家将商品的类目或属性调整正确后，恢复排序。

3. 更换商品

更换商品是指修改原有商品的标题、价格、图片、详情、材质等信息变成另外一种商品继续出售。

系统识别商品更换行为后，会自动降低商品质量得分，商品会被系统进行降权或屏蔽处理。

4. 标题乱填关键字

商家为使发布的商品引人注目，或使消费者能更多地搜索到所发布的商品，而在商品名称中滥用品牌名称或与本商品无关的字眼，扰乱京东网站正常运营秩序的行为，京东判定其相关商品为乱用关键词商品。

系统识别商品有标题乱填关键字的现象后，会自动降低商品质量得分，商品会被系统进行降权或屏蔽处理。待商家将标题调整正确后，恢复排序。

5. 重复铺货

重复铺货是指店铺里完全相同或重要属性完全相同的商品只允许发布一次，违反以上规则，即判定为重复铺货。

系统识别商品重复铺货后，会选取销量最好的商品正常排序，其他商品进行下架或屏蔽。

影响店铺服务评分的具体因素，如表 4-8 所示。

表 4-8 影响店铺服务评分的具体因素

影响因素	描述	解释分析
店铺内商品质量相关	退货情况	由于多方面（消费者、商家等）原因导致的该店铺商品退货率
	换货情况	由于多方面（消费者、商家等）原因导致的该店铺商品换货率
	返修情况	由于多方面（消费者、商家等）原因导致的该店铺商品返修率
店铺纠纷情况	交易纠纷	店铺的交易纠纷率将会对商品排序造成一定影响，该信息可反映出商家在与消费者的交易纠纷中所承担责任的比重及商家经营的合法合规性
店铺服务情况	售后审核及处理时长	消费者对商家的售后处理情况较关注，店家处理时效会直接影响消费者体验
	客服服务相关	服务态度、用语是否礼貌或生硬，是否尊重顾客，是否重视顾客
	物流、揽件时效	鉴于大部分商家使用的是第三方物流配送，商家通知第三方物流的揽件时间和物流速度会对消费者体验造成直接影响
消费者满意度相关	商品描述满意度	消费者完成订单或退换货处理后对商家服务的各项满意度会影响店铺服务评分，该信息也体现了消费者对整个购物过程的主观感受

6. 平台商家奖励规则

为了平衡奖惩生态，激励商家提升运营水平，商家可通过达成相关指标获取奖励，平台发放的奖励以“奖励贝”进行体现，各考核标准及获取量详情，如表 4-9 所示。

表 4-9 商家考核标准

考核指标项	获取积分规则	奖励贝数量
商品质量风险等级	商品质量风险等级 1 级，订单量≥500 单/月	10 个/月
48 小时揽件及时率	订单 48 小时揽件及时率≥97%，订单量≥500 单/月	10 个/月
咚咚满意度	咚咚接待量≥300/月，咚咚满意度≥90%，首次响应时间≤30s	10 个/月
售后满意度	售后满意度月评价量≥5，售后满意度≥87%	10 个/月

续表

考核指标项	获取积分规则	奖励贝数量
经营时长	商家入驻满 1 年（自然年），且完成次年续签操作	20 个/年
完成开店任务	新店铺完成开店任务，且在 3 个月内销售额≥1000 元	20 个/次
老商家推荐新商家入驻	老商家介绍新商家入驻，且新店铺完成开店任务后店铺启用，给予该老商家奖励	150 个/次

二、京东运营

（一）搜索优化

1. 排序算法

当消费者输入关键词进行搜索时，系统会根据消费者输入的关键词和系统中的商品做匹配，并根据商品匹配程度和其他相关因素对商品进行排序，最后将结果展示给消费者。

2. 文本相关性

文本相关性即商品的文本描述信息（包括商品标题：类目名称、品牌名，图书类商品还有作者、出版社等）和搜索关键词是否相关或匹配。采用评分机制计算文本相关性，即根据消费者搜索词和商品的匹配程度给予不同的评分，通过评分来判断商品和搜索词的匹配程度。其中商品标题和关键词的相关度最为重要。

3. 商品标题录入注意事项

商家为了提高自己商品的搜索曝光率，在商品名称中堆砌和自身商品完全无关的关键词，致使商品标题不规范。这样不仅会影响该商品的文本相关性得分，还会降低消费者体验。录入标题需要考虑以下原则：一是消费者搜索商品时常用搜索词；二是尽量简洁明了；三是名称中不得有错别字。如果被发现存在文本作弊的商品在搜索系统中将被屏蔽或做降权处理。

4. 类目

京东搜索因子中，商品的所在类目（商品的分类）是否合理将影响到商品的排序结果。在京东，所有商品须放置在具体的分类，关键词与不同类目的相关性不同，通过搜索系统综合计算所得。关键词搜索排序规则是多个因素综合影响的结果，所以在其他排名因素相同的情况下，类目影响排序的综合得分。

5. 用户搜索反馈

消费者搜索查询词后单击或购买商品的行为在消费者搜索反馈系统中计为该查询词与该商品的一次单击或购买数据。消费者搜索反馈数据反映了消费者对搜索结果的满意度，同时反映了对商品的满意度。

反馈数据包括某查询词结果中商品的单击量和下单量，消费者通过搜索进入商品单品页的平均时间，商品的搜索单击转化率。对于部分商家恶意刷搜索单击和下单的商品，系统将其视为作弊商品，在排序中进行降权处罚，同时反馈数据也会剔除这些作弊数据。

第四节　生鲜电商微店开店及运营

一、店铺设置及平台规则

（一）认识微店

移动互联网与线下经济联系越来越密切，特别是手机网上支付用户更是达到了 4.69 亿人，年增长率为 31.2%。

微店是在移动互联网大潮下，中国第一个实现所有网民“手机开店”的零成本创业项目。微店作为移动端的新型产物，任何人通过手机号码即可开通自己的店铺，并通过一键分享到 SNS 平台来宣传自己的店铺，最终促成交易。

（1）微店开店不收取任何费用，无须押金，更没有加盟费。微店卖家无须找货源，无须进货，厂家直接给消费者发货，售后也由厂家直接服务，对微店卖家来说既省时又省力。

（2）微店的操作非常简单，还可将淘宝店里的商品和信息一键同步到微店，在微店中进行管理。客户可在微信里搜索所有的商品并下单购买，还可通过微信查询物流信息。

（3）通过微信群功能可以将店铺的上架新品、折扣信息、热门推荐等精确地发送到好友群，直达对方的手机界面，让客户及时了解你的店铺新动向，为你带来丰厚的销售利润。同时好友还可以将获得的信息向其他好友转发，快速扩散，带来新的客户，相当于增加了非常精确及时、有效的宣传通道和发展新客户的途径。

（4）通过微信回复功能和自动回复功能，微店可以与客户进行点对点的深度沟通，有效地维护老客户。微店的暴发式增长得益于其独特、先进的商业模式。微店的模式之所以受到追捧，是因为它颠覆了传统网商既要找货源又要做推广的高门槛要求，很好地解决了货源与推广的分工问题。

微店的特点就是运营成本低、操作简单、易于创业，因此，微店自 2014 年诞生起就吸引了大量的商家。

目前有口袋微店、有赞商城、京东微店、微盟 V 店和微信小店 5 个有代表性的微店平台，它们各有其特点，可选择适合自己的平台入驻。

（二）微店店铺设置

1. 注册微店

个人先在手机或平板电脑上安装微店应用，在手机上打开已经安装好的“微店”软件，单击“注册”按钮（也可以选择微信登录，其他操作不变），然后填写手机号，手机号填写一个自己常用的号码。

填好手机号之后，单击“下一步”按钮，这时手机界面会弹出向注册的手机号发送短信验证信息的请求；直接单击“确定”按钮，如图 4-7 所示。

在接收到验证码后，把验证码填好。接下来设置密码，密码必须是“6—16 位登录密码”，如图 4-8 所示，一定要将密码记好，以免引起不必要的麻烦。单击“注册”按钮之后，就注册成功了。

图 4-7　注册界面

图 4-8　设置密码

2. 店铺名称和图标

注册成功之后，就可以创建店铺，设置店铺名称和图标。

（1）店铺名称。

进入“创建店铺”页面，输入店铺名称，长度建议不多于 10 个字。店铺名称应该简单易记，如果能清晰地表达商户的产品类型和经营理念更好。

（2）店铺图标。

店铺图标就是店铺的头像标签。图标可以通过现场拍照上传，也可以选择手机相册中的照片上传。图标在微店运营过程中非常重要。由于微店属于移动社交类电子商务平台，所以选择一个有创意、识别度较高的图标，有利于朋友和顾客第一时间感知到。商户可以选择店铺的宣传图片作为图标，也可以选择自己的素描照片或头像作为店铺的图标。

（3）担保交易。

在微店设置店铺名称和图标时默认开通“担保交易”。担保交易是指微信开发商替买卖双方暂时保管货款，直至买家确认收货的安全交易服务。担保交易有助于吸引陌生买家下单，提高销量。开通担保交易 24 小时之后就可以在手机端通过店铺名称搜索到店铺。

至此，微店店铺就创建完毕了。

3. 设置管理

在微店欢迎界面可以看到店铺的名称、欢迎新店长的视频、添加商品的图标“+”，在右上角还可以看到一个小图标，单击这个图标就能进入“设置”界面。

（1）账号管理。

①可以填写认证信息，包括卖家的真实姓名、证件类型、证件号码以及产品交易时的银行卡号。

②可以进行设备管理，可及时发现盗号行为，有利于店铺的安全。

③可以进行子账号管理，也就是创建管理员，店铺运营时有时不会只有一个管理员，子账号的创建有利于划分责任，更好地进行店铺管理。

④可以进行微信号和手机号的绑定，有利于卖家操作、买家支付，方便社交分享时保障账号安全。

⑤可以在账号管理中进行修改密码以及注销账号的操作。

（2）生意档案。

这个模块是对店铺进行自我分析，从售卖产品、产品的自身优势到所服务的目标群体、开店有哪些优势，再到对该店铺形象进行怎样的塑造。填写完毕之后会对自己店铺的定位有一个清晰的了解。

（3）淘宝搬家助手。

淘宝搬家助手帮助卖家把淘宝店铺的商品一键复制到微店，让你不用进货，就可以开店。微店主要提供两种第三方服务进行搬家："爱铺货"和"无忧一键复制"，但由于是第三方平台，存在交易风险，而且该功能后续使用是付费的。因此在选择该功能时要更加慎重。

（4）微店规则。

微店规则中心从开店认证、发布商品、交易管理、消费者保障 4 个方面来进行开店规范。后面会在开店认证和发布商品中重点列出相应的规则。

二、微店运营

（一）微店选品

产品由三部分组成，即产品的核心、包装及附加值。产品与需求之间存在着一一对应的关系，这三部分所对应的消费者需求分别是使用需求、心理需求及潜在需求。好的产品应该能真正满足消费者需求。

（1）产品必须是正品，质量好，性价比高。对于产品一定要考察，不能只是跟随代理，一旦代理出了问题，商户在人脉圈所累积的信誉就全部崩塌了。信任只有一次，重建非常困难。

（2）选自己喜欢的、可以坚持做下去的产品。自己若不喜欢，那么就很难去坚持。

（3）产品不要选得太多，主打 1~2 个种类即可。做精才能体现出价值，才能专业。

（4）亲自去试用。一旦选定产品，要全面地去了解，亲自去试用，总结产品效果，用自己真实的感受、语言和用户去沟通，才能取得用户的信任。

（5）产品定位。一定要给自己的产品找一个切入点，比如，有藤西瓜和无藤西瓜，90%的人会选择有藤西瓜，因为新鲜。微商也一样，要找到属于自己产品的"藤"。

（6）物以稀为贵。微商选择产品一定不能选择那些到处都能买得到的，随处都能买到的产品缺少竞争优势，加上邮寄费，即使不比别处贵，卖得出去，也赚不了钱。是不是快消品，能不能形成持续购买，这需要自己认真和理性地选择。

产品的质量是个人品牌营销的前提和基础，如果前期产品选择没有做好，那么后期做的一切都会困难重重。选择产品是微店营销的第一步，选择产品时要注意以下原则和标准。

1. 三大原则

（1）就近原则。

选择产品时要尽量选择附近的特色产品，比如，新疆的人可以选择做新疆大枣、南京的朋友做南京板鸭等，这样就给客户留下了一个印象，我的产品是这类产品中最好的。

（2）就熟原则。

做熟不做生。微营销要尽量选择自己熟悉的圈子来做，尽量不要涉足不熟悉的产品。顾客尽量选择你熟悉的朋友，产品选择你熟悉圈子的朋友们购买愿望最强的，如果商户是一位女学生，那最熟悉的圈子肯定也是学生，而女性都很爱美，护肤品可能就是非常好的产品选择。

（3）就源原则。

微营销要做大，代理自然是不二之选，为了利润最大化和长期发展的需要，商户选择的产品最好是货源上游，或者最好就是厂家，这样才能保证可以招到更多的代理。

2. 五大标准

（1）高质量。

微营销是个人品牌营销，好的产品才能持续发展。

（2）高利润。

微营销不是淘宝，一天可能很难卖出去很大的量，所以需要选择利润高的产品。

（3）高重复购买率。

微营销不是无休止的销售，更需要的是口碑和重复购买，每个人开发客户的能力有限，选择一种可以让人重复购买的产品无疑是最好的。

（4）高受众。

对于刚进入这个领域的卖家来说，除非是掌握了一些特殊的人脉或者产品资源，否则不要轻易地去做小众产品，如字画、紫砂壶等。

（5）易于展示，售后简单。

微营销主要通过朋友圈，而朋友圈可利用的资源很少，宣传产品的时候不要过于复杂，否则很难完整地表达信息。

（二）微店的定价策略

1. 习惯定价法

习惯定价法主要是对一些常见的日常用品进行定价。虽然商品价格的波动范围日渐增大，但有很多商品的价格仍是基于传统制定的。比如，在人们心中娃哈哈矿泉水的单价就应该是 2 元。不管经济是在多么不确定的环境中发展着，这类商品的价格基本上都不会发生变化。因此，习惯定价法将是这类商品定价的永恒标准。

2. 魅力定价法

商品价格是否能刺激消费者购买是由消费者的心理价位决定的，因此可以通过消费者心理学进行魅力定价，常见的魅力定价法有以下几种。

（1）左边减 1 法。

94 元和 95 元给人的感觉是差不多的，但 99 元和 100 元却让人感觉差很多。

（2）价格分离法。

如果是套装商品，尽量将不同的商品分别标价。

（3）过去定价法。

将商品过去的价格标出来，如原价 99 元，现价 70 元。

（4）分期付款定价法。

价格比较高的商品可以采取分期付款的定价方式来降低消费者的价格敏感度。

（5）折扣力度最大化定价法。

“满 50 元减 10 元”比“满 50 元优惠 20%”更吸引人。

（6）规模化定价。

如某商品单价为 10 元，10 件包邮价为 90 元。

3. 混合定价法

无论是微店还是传统电商，商品如何定价计值都是运营者比较头疼的问题。如果定价太高，消费者不购买商品，导致店铺流量严重流失，根本谈不上转化率。若定价太低，满足不了店铺的盈利需要，甚至难以维持团队运作。

那么，微店平台应该如何定价呢？建议采取混合定价法，即 20%商品为低价位，70%的商品为中等价位，10%的商品为高价位。将整个定价策略设置成一个橄榄球的形状，低价位商品做引流和活动，中等价位商品是销售主力，高价位商品做品牌形象。

4. 非整数定价法

把商品零售价格定成带有零头结尾的做法被销售专家们称为“非整数定价法”。实践证明，“非整数定价法”确实能够激发消费者良好的心理呼应，获得明显的经营效果。如一件原本价值 10 元的商品，定价 9.8 元，肯定更能激发消费者的购买欲望。

这种把商品零售价格定成带有零头结尾的非整数的做法，是一种极能激发消费者购买欲望的方法。非整数价格虽与整数价格相近，但它给消费者的心理信息是不一样的。

5. 心理定价法

据调查发现，商品定价时所用数学的频率依次是 5、8、0、3、6、9、2、4、7、1。这不是偶然的，究其根源是买家消费心理的作用。带有弧形线条的数字，如 5、8 等比不带弧形线条的数字有刺激感，易为买家所接受，而不带有弧形线条的数字，如 1、7、4 等比较而言就不太受欢迎。

在价格数字的应用上应结合国情。很多中国人喜欢 8 这个数字，并认为它会给自己带来发财的好运；因中国有六六大顺的说法，6 也比较受欢迎；4 因为与“死”同音，多数人忌讳；250 则有骂人之嫌疑，最好减一两元以避开。

第五节 生鲜电商社区团购运营

一、社区团购概述

（一）社区团购的含义

社区团购是指以社区为中心，以团长（社区小店、“宝妈”、便利店店主）为分发节点，消费者可以通过微信群、小程序等工具，拼团购买生鲜、日化美妆等商品的新型购物形式。它采用的通常是预售模式，以销定采，今日下单，次日送达；订单交付给团长履约，通常是顾客自提，而社区便利店无疑是最合适的自提点。

有些层级式微商也在谈社区团购，并且觉得这有些不可思议。因为社区团购是只有一两级的农特微商模式的升级，和层级式微商没有关系。

层级式微商一般分成 5~8 级，它的本质是卖发财梦并批发，因为要分利润给每一级，所以商品价格虚高，不适合流通到传统市场。而社区团购，尤其是生鲜商品，利润微薄，只能是直营或一两级层级。

生鲜电商要想做好，一是品质体验要好；二是付出的成本要低。如何权衡二者之间的关系，是对生鲜电商团队运营者的考验。因此，以销定采的社区团购模式是最好的模式。

但社区团购模式，一是要解决供应链；二是要找到优质的团长。社区团购就是要搭建起供货商和销售渠道之间的桥梁，让生鲜产品快速高效地送到消费者的手中。

现在的社区团购，销售端就是团长负责。社区团购的团长要么是“宝妈”，要么就是社区店。销售端需要解决流量问题，理论上，社区店是自带流量的。但社区店要平衡线上和线下的生意及人力投入。

自带流量的生鲜连锁超市、生鲜连锁便利店，在保持传统销售渠道和产品的同时，植入社区团购模式，单独开辟适合社区团购的供应链体系，无疑会走得更远。

这其实就是社区新零售——盒马鲜生的模式，可盒马鲜生的短板在于它和腾讯是竞争关系，不使用社区团购模式而使用 App，还不能借助微信生态做传播和交易。

（二）社区团购的春天

社区团购是一种趋势，但社区团购只是那些大平台、大企业、大资本的春天，特别是那些有能力直接开发社区社群渠道的供应链企业。社区团购的本质是供应链企业的直销团队，是基于“预售+团购”的一种模式。

对于大多数只能建一个群或几个群，或者只能当一个团长角色的人来说，相比于社区团购，称为社区社群可能更贴切一些。因为，你的群少、人少，你自己团购自家产品不太现实，只能依附于某个社区团购平台，但目前还没有一家靠谱的社区团购平台能够完美地满足消费者的需求，让消费者不断购买，因为这些社区团购平台的供应链还不成熟。

大多数个体户团长只能把社区社群当作一个新的渠道或客群维护方式，这特别适合那些有实体店的个体户团长。因为社区社群对线下实体店生意是一个有效的补充。

社区团购对消费者来说也是一个春天。社区团购与纯线上电商零售模式相比，节省了物流费和包装费，所以价格降下来了。这对于消费者，尤其是对价格敏感的消费者有巨大的吸引力，所以三、四线城市的社区团购做得相对较好。

社区团购平台不好做。生鲜产品利润微薄，除去运营成本，可以说赚钱很难。尤其是做社区团购的平台多了，大家都打价格战，市场乱了，社区团购平台也愈发艰难。

社区团购本质上是一场持久战，需要有供应链和有号召力的团长，但这两方面目前都不完善，因为整个行业普遍都缺乏人才。社区团购的流量来源是团长，所以特别考究团长的能力。团长要有增加流量的能力、建群的能力，还要不断给社群注入新力量，以及运营维护好社群，这些对于团长来说都是挑战。

所以，社区团购能笑到最后的一定是人才储备充分、坚持几年还能继续生存的团队。

不应该只看眼前的利益，而要有长远的眼光，做好各方面的准备。生鲜电商运营者必须明白，笑到最后的才是笑得最好的；只有在竞争中生存下来的，才有可能在持续的发展中不断增强自身的实力。

（三）社区团购的主要模式

目前，社区团购几乎都是拼多多模式的社区社群版本，也就是说，大多都是打价格战和拼低价。

还有一种社区团购模式是做高端客群、差异化客群，不过这样的客群不容易找到，且不扎堆。也就是说，这个小区可能只有几个高端客户，那个小区也可能只有几个高端客户，要想满足这些客户的需求，需要更好的团购模式，单纯地发送到小区自提的团购模式，由于量太小，很难支撑下去。

为了满足这些高端客户的需求，社区团购平台必须做到配送上门，但这又是对配送环节成本的一个严峻考验，毕竟配送上门需要一定的成本。因此，为了节省成本，大多只能做一个区域。

其实，高端客群的同城配送模式，只适合有高端客户资源的个体户，这种模式在某些特定区域是能做的，但要做大却几乎是不可能的。

（四）社区团购操盘手的做法

社区团购门槛很高，要想做好社区团购，就应该继续深耕供应链，做差异化产品。同时，挖掘优质的团长，培训优秀的团长，开拓优质的客群。维护好社区社群，从线下活动、公益活动入手，如便民服务、亲子旅游、育儿教育等。“宝妈互助团”就是这样进行尝试的，此外，“辣妈帮”也在做类似的事情。这才是未来社区团购的方向。

做社区团购平台门槛太高，既要负责供应链管理，又要负责招团长，有的还要找投资人。为了增加资金还要招加盟商，为了运营还要培训团长，但很多社区团购平台自己都没有团长，又怎么去培训团长呢？而且还要被团长分走10%的利润，本来生鲜产品利润就微薄，好多生鲜电商运营者为了增加流量，不赚钱，所以现在社区团购平台盈利困难。

社区团购做好人才储备是关键，先做好一个优秀团长，然后复制无数个同样优秀的团长。不要急着盲目地扩张，只要对接好优秀的供应链，赚钱只是迟早的事。

（五）社区团购的发展方向

目前，社区团购的痛点是订单密度不够，如一个社区只有一单或几单，这样配送费都不够，何谈盈利？

所以，如何深耕社区、提高订单密度成为一个迫切需要解决的问题。应放弃那些购买力差、不管怎么运营都不能起量的社区，重点发展那些有购买能力的社区，把做好运营工作、做好团长培训、挖掘人才作为社区团购工作的重中之重。

有人认为，用小程序接单是社区团购的一个发展方向，但大多数个体户的社区团购已经不用小程序了。

（六）社区团购的人才培养

从目前来看，社区团购最缺的还是人才，尤其是具有丰富经验的人才。这里的人才体现在熟悉社区消费者特点、运营方法、人员管理等多方面上，团长的培训也需要很长的时间，而这也是社区团购发展缓慢的重要原因。

社区团购要获得发展，人才储备是不可或缺的；社区团购要想走出去，必须要靠人才和资源发力。

做生鲜电商社区团购，要注重社区团购人才的培养，尤其是如何培养出一个优秀的团长，让团长既具有增加流量的能力，又具有维护社区社群的能力。让团长学会做线上线下活动，并且有能力整合社区商家资源、物业资源、社区街道办资源，做好社区社群服务。

（七）社区团购的主要问题

社区团购的模式因为存在团长黏性、供应链、成本效率等问题，在短时间内难以做大、做强，甚至盈利都很困难。整体来说，在短时间内，供应链问题大家都解决不了，几乎没有竞争壁垒，所以暂时处于大家都没有办法的尴尬境地。而唯一可以优化解决的是团长的黏性、社群的黏性和转化率的问题。

现在的社区团购供应链品类很多，但大多都依赖本地的供应链公司，可以说毫无竞争壁垒。因为你的竞争对手也在用你的供应商，供应商不可能只给一家社区团购供货，最后平台只能打价格战。

一个社区团购平台，不要追求全品类，只要随时保证有 10 个爆款单品，全年就有几十个甚至上百个单品，而且相对来说还很独家，一周团购两次，不卖货的日子就做团队维护、团长培训，以及社群线上活动、线下地推活动、线下沙龙活动，这样才能不断壮大。

（八）社区团购的最终出路

现在社区社群流行，据估计全国做社区社群的团队有几万个，“舒雍会”就有上百家团队在做社区社群。此外，网易的“考拉精选”也开始做社区社群团购了。它以便利店为依托，这一点和“舒雍会”依托水果实体店的模式差不多，结合小程序和微商城下单。

至于未来的趋势，无疑是拼选品和供应链能力，还有就是前置仓、自提点、实体店等网点的多寡和配送速度及服务，未来的社区社群会实现当日达，最差也应该是次日达。

目前，社区团购还停留在粗放式发展阶段，没有团长培训，或者团长不知道怎样运营社群，还停留在建群发广告的阶段，社群转化率极低，基本是拼价格，骗取客户数据给资本交作业阶段，要说盈利恐怕是遥遥无期。

在社区团购模式中，社群可以复制，但是运营社群的人才很难复制，一个是需要培训，另一个是接受培训的人要有潜质，要有举一反三、活学活用、自己开团的能力。

维护好社群，就是要植入服务，做到天天有红包抢、有东西买，周周有课程听及月月有线下活动聚会。一句话，社区团购只有走向本地生活化服务才能有出路，卖货只是很弱小的一环。

（九）社区团购的最佳营销模式

社区团购模式是社区新零售的最佳模式，也是经过验证的成功模式。唯一不足的就是：现在资本搅局，一味低价，扰乱了市场。当资本的潮水退去之时，或许就是社区团购走向良性发展之时。

论卖货，社区团购小团队或便利店比不过资本加注的社区团购平台公司。但社区团购平台公司又比不过大型连锁超市，甚至是本地连锁超市。只要这些连锁超市做社区团购，很容易打败没有实体店的社区团购平台公司。

社区新零售的真谛是把线上虚拟店和线下实体店紧密结合在一起。社区团购的精髓是线上建社群，线下进社区。建社区社群容易，维护社区社群难，难就难在人才，不是随便一个人都能做好团长的。

社区团购是社群电商最理想化的一种状态，同一个地方的人，低头不见抬头见，解决了信任问题。另外，采用“预售+团购”模式，不仅节省了物流费，解决了“最后一公里”，还可以不囤货，解决生鲜产品的损耗问题；而且这种模式是先收款后办事，百分百微商思维，没有坏账。

（十）社区团购小团队的增强模式

做社区团购如果单纯卖货，小团队哪里卖得过“资本”？所以，社区团购小团队必须卖核心消费者感兴趣的服务。社区团购小团队要把自己定位于“本地商圈生活化服务平台”，做“资本”干不了的事情，只有这样才能生存。

社区团购最缺的还是深耕社群运营的优秀团长，要想做好一个优秀的团长还是非常不容易的，那些有资本进入的社区团购团队也很难，因为人才培养太难了。

小团队要做“地头蛇”，深耕渠道，做好团长角色，线上和线下活动相结合，一边吸引“粉丝”，增加流量；一边维护好社群，做好服务。

没有线下社区活动的社区社群就像空中楼阁、水中浮萍，很难解决信任问题，也很难有黏度。所以社区团购小团队要学会做线上和线下活动，尤其是线下活动，这一点至关重要，它一方面考验团长是否有商家资源整合能力；另一方面考验团长是否有活动策划和执行能力。如果没有经过专门的训练，没有这方面从业的经历，不敢迈出去地推就会举步维艰。

（十一）社区团购走向社区

要想真正进入社区，一定要有线上和线下活动。

“宝妈互助团”就是从社区公益入手，招募社区志愿者，打通社区，解决“宝妈”的实际问题，形成社群黏性，至于卖货只是其中很小的一环。得到大家的认可后，再筛选一批愿意跟随的志愿者和客户，共同完成社区服务这件事情。

社区团购是一个商业行为，但社区团购的土壤在社区、社群。如何嫁接好公益活动，是一个不得不面对的问题。因为只有以公益的名义才能顺理成章地进入社区。

社区团购怎样嫁接公益活动呢？首先，要以街道办居委会的名义，名正言顺地开展活动；其次，要招募和培训社区志愿者，解决人员与服务问题，再次，要联合本地商圈商家，做一个商家联盟，解决活动场地与服务问题；最后，通过不断地开展便民服务、亲子活动来做深、做透社区，让线上社群和线下社区有一个链接，让社群具有黏性。

传统的拉一个群天天发广告的社区社群肯定走不远，也很难走出打价格战的怪圈。社区社群应该从公益和服务入手，真正走进社区，做到线上、线下都有活动。

纯卖货的社区团购也走不远，也绝不是刚需。纯公益的也不行，还必须要盈利。在社区活动的探索中，便民服务是刚需，尤其是针对青少年的教育问题，如近视眼预防与矫正教育、阅读等。所有这些活动，都可以通过招募社区志愿者和成立社区商家联盟来实现和推动的。

二、生鲜社区团购运营

现在，随便哪个小区都在做社区团购，都有社群和团长。如何做好供应链？如何做好团长？这两大问题是市场的刚需，而且是未来 5 年的刚需，谁能做好，谁就能赚大钱。

要致力于团长的培训，致力于生鲜行业营销技巧的培训，通过培训聚集人才和人脉，为生鲜行业服务。

（一）社区团购的常见玩法

近年来，社区团购模式突然火了起来，“你我您”“食享会”“呆萝卜”“虫妈邻里团”等先后做起了社区团购，这也让社区团购这种生鲜运营模式走进了大众的视野。

常见的社区团购模式是围绕社区单元进行渗透的，这种模式主要是通过在各大社区寻找“宝妈”，或者选取“团长”，并将“宝妈”和“团长”作为社区团购的合伙人，利用其关系网和社群获得更多的订单。

这种模式需要先建立线上社群，然后选择“宝妈”和“团长”进行社群的维护和前端的销售。而社区团购平台则主要负责供应链、物流仓储及售后服务等方面的工作。这和微商的线上分销模式——依靠熟人进行销售有相似之处，但却比微商模式更加高端，主要体现在以下 3 个方面。

（1）信任度更高。因为“宝妈”是从社区中选出来的，她们负责的是所在社区的运营。与普通微商相比，消费者更容易接受“宝妈”。所以，社区团购要比微商更容易和消费者建立信任。

（2）物流成本低。社区团购模式通常是将商品直接发货到社区，省去了中间的流通环节，所以物流成本会比微商低得多。

（3）人员素质高。社区团购平台在选择合作的“宝妈”和“团长”时，通常都会进行一定的审核，只有社区居民信任度较高的人才有可能入选；而且社区团购平台还会对“宝妈”和“团长”的销售业绩进行考核，如果考核成绩不达标，还可以随时撤换。这便很好地保证了“宝妈”和“团长”等社区团购人员的素质。

（二）社区团购借助的媒介

从目前来看，社区团购多以“宝妈+社区”的模式进行。这种模式与传统的线上、线下融合模式不同，它直接砍掉了线下实体店，专注于线上的销售，这无疑是一种大胆的尝试。

为什么社区团购不做线下实体店呢？这主要是因为线下开店需要店面、人工成本、水电成本等，开一家线下实体店会增加很多成本。另外，为了保证员工的专业素质，还需要花费时间和精力进行员工培训。为了增加线下实体店的流量，通常还需要进行线上社群的运营。线上和线下的服务都会影响店铺的口碑，一旦线上或线下的服务没有做好，就会影响整个店铺的运营。这样一来，要想通过线下实体店成功打造社区团购就是一件比较有难度的事情了。

通过“宝妈+社区”的模式，只做线上的销售服务，让熟悉社区情况的“宝妈”负责社区团购的运营工作，不仅容易取得社区居民的信任，而且不需要在线下开店，可以节约大量的成本。

（三）社区团购的竞争壁垒

社区团购发展得如火如荼，目前已经有十多家团队拿到了投资。单从运营模式来讲，很接地气，是个团队都能做，可复制性很强，但要想盈利甚至做好还是很考验团队的综合实力的。这主要包括 3 个方面：一是供应链整合能力；二是社区社群数量规模，尤其是实体店网点、自提点的多寡；三是如何维护好社群。

社区团购同质化严重是因为社区团购模式复制很快，也就形成了竞争壁垒，生鲜电商运营者要想在竞争中胜出，必须具备超强的供应链选品和整合能力，能够更好、更快地满足社区的需求。而社区团购最终拼的除供应链之外，还要比拼规模，即谁的网点多，如实体店、自提点、前置仓等。最后还要比拼社群运营方面的人才。

（四）社区团购生存法则

通过调查了解到，许多社区团购公司每天都在亏钱，包括进入头部赛道的社区团购公司；在成都的社区团购公司无一家盈利；2018 年赚到 2000 万元以上的社区团购公司，2019 年也发展得不好。

很多头部赛道的社区团购公司，招募的团长都只会发广告刷屏，其他的都不会。其实，这就是社区团购公司的现状。

要想做好社区团购公司，不要和“资本”做拼杀，因为“资本”现在为了抢市场，基本都在做自杀式拼团。亏本，还不一定赚得到吆喝。论卖货能力，你永远比不过“资本”，唯有从服务入手，多培养优秀的团长，多和本地商家联合，做好线下服务。只有充足的优秀团长人才储备，加上完善的供应链，社区团购才能走得通，这是一个漫长的过程，单靠“资本”的急功近利是做不到的。

（五）社区团购打造高质量的团队

现在的社群俨然成了社区版的“拼多多”，基本都是做低价，要说盈利，估计异常艰难。

几乎所有的社区团购团队的团长都只会拉一个群每天发广告刷屏，根本不知道或无能力维护好社群。要想打造一支高质量的社区团购团队，一定要学会运营社群，运营社群需要多方面的人才，如社区志愿者、育儿专家、美食达人、性教育专家、心理学专家，以及能够吸引“宝妈”、有文艺特长的人才。

（六）社区团购团队的积淀

生鲜电商社区社群模式现在门槛都很高，尤其是资本来袭。2018 年 8 月短短一个月，国内有 5 家社区团购公司获得融资。广大的“草根”团队，如何在社区社群的竞争中立足，获得漂亮的成绩呢？小团队只需重点做深、做透一个片区即可，而那些有团队和资本的团购团队则要“跑马圈地”做规模。

除把团队做大之外，要想获得漂亮的成绩，还需要为社区团购团队配备供货的供应链公司。配备的供应链公司必须是 SKU（Stock Keeping Unit）多的非单品供货商，能够支持一件代发和落地配的，而且全国各地主要城市都能小订单量落地配。

（七）社区团购的拓展开发

社区团购公司在开发一个新城市的业务之前，要考虑 3 件事：一是如何招募团长，话术有哪些，如何把这些话术设计成海报等；二是如何供货和送到团长那里；三是如何培训团长，让团长具有地推、增加流量的能力，并具有较强的持续性和趣味性。

如何培训团长、如何带领团长手把手教学、如何组织活动让优秀的团长做分享、如何给团长提供宣传资料和做试吃品准备，从而更好地配合好团长的地推活动，还有就是如何维护好社区社群。

有人问，为什么社区团购在一线城市不行，反过来，在二、三、四线城市却做得不错。

二、三、四线城市有着经营成本低，以及可开拓市场广阔、人们可利用时间相对较多等优势。所以，相比于一线城市，社区团购开拓二、三、四线城市市场会更容易一些。

（八）社区团购小团队的起步

社区团购要想发展好该怎么走，许多人心中都有疑问。社区团购一定要对接实力超群的供应链，能够选出针对核心客户群的产品，甚至可以对接有资本的团队；另外，一定要在招募团长阶段设置一定的门槛，甚至要面试，达不到考核指标的要淘汰；最后，要先储备社群运营人才，有标准化的培养体系，而不是先发展规模再慢慢培养人才，避免出现临时抱佛脚的情况。

虽然社区团购小团队的实力相对有限，但是，麻雀虽小，也要五脏俱全。社区团购小团队也应该做好人员的配备，把该准备的都准备好。只有做好了充足的准备，才能稳稳地起步，持续、健康地发展。

（九）维护社区团购社群

相关数据显示，微信群的生命周期通常在 1 个月左右，1 个月过后，整个群就会沉寂下来，甚至一整天都看不到一条消息。这种情况的出现，会让群成员觉得该微信群已经没有太大的价值了，许多群成员会直接选择退群。

一个社群创建之后，如何维持社群的热度，让社群成员踊跃地发表言论便显得尤为重要了，社区团购社群显然也是如此。下面重点介绍几个技巧。

1. 聊“八卦”

许多生鲜电商运营者创建社区团购社群之后，通过营销增加商品的销售额。而这种急功近利的营销方式，效果通常会越来越差，甚至有时在微信群中发红包，也没有几个人会回复。如何维持社区团购社群的活跃度呢？社区团购社群中以“宝妈”为主，而“宝妈”这个群体普遍都有一颗“八卦”的心。所以，当你在社群中发送一些“八卦”的消息时，社群中很快就会展开讨论。这样一来，社群的活跃度自然就提高了。当社群成员热烈讨论时，生鲜电商运营者只需适时进行营销，便能获得不错的销量。

2. 多晒单

晒单做得最好的应该是微商了，许多微商经常会在微信朋友圈这些平台晒自己收了多少款项、进了多少货等。需要特别注意的是，经常发这些晒单内容很容易让受众变得麻木。所以，时间一长，晒单就变成了一种“自嗨”行为，你晒了单，别人也不回复你，这就比较尴尬了。

相比于直接晒单，晒生活往往更能吸引受众的目光。当生鲜电商运营者晒出美好生活时，也是对自身实力的一种展示。受众会觉得你做生鲜电商很成功，所以生活过得美滋滋的。

另外，如果生鲜电商运营者将去原产地考察的照片和视频等内容晒出来时，受众会认为你找到了可靠的货源。这样一来，消费者在你的电商平台购物时，也会更加放心一些。

3. 找个搭档

有个成语说得好：孤掌难鸣。在生鲜社区团购社群的运营过程中，仅靠一个人的力量，能做的事情是比较有限的，甚至有时你发消息出去都没有人回复。此时，找个搭档，一起配合就显得尤为重要了。

需要特别说明的是，找搭档主要是为了配合营销，化解尴尬。这就像表演魔术，有时候为了获得最佳效果，就要找一些人配合。

4. 多做活动

做活动是提高社区团购社群活跃度的一种有效方式，有时生鲜电商运营者只需要在社群中分享一些活动信息，便能吸引许多社群成员的关注。例如，当生鲜电商平台做活动时，社群成员通过价格对比就能直观地看出优惠的幅度。因此，看到活动信息时，社群成员往往都会仔细查看，看看是否有利可图。

相比于线上的活动，社区团购社群的线下活动更加重要。与一般的社群不同，社区团购社群通常都是由附近的人组成的。从地理位置上来看，组织线下活动是比较容易实行的，而且长期的社群线上沟通也会让部分社群成员对线下的聚会比较感兴趣。

当然，线下活动的内容也比较重要。只有能勾起社群成员兴趣的内容，才能吸引更多的社群成员参与。对此，生鲜电商运营者可以通过对社群成员的分析，找到共同的爱好，然后围绕这个共同爱好开展活动。

例如，大多数社区团购社群中都会有一些“宝妈”，这些“宝妈”除工作之外，还有一件很重要的事情，那就是带孩子。有的“宝妈”为了工作，与孩子在一起的时间并不是很多。针对这种情况，生鲜电商运营者如果可以开展线下亲子活动，“宝妈”们自然会比较感兴趣。

5. 运营初期流量是重点

运营初期流量是重点，有时为了获得更多的流量，甚至需要去做一些赔本的买卖。因为消费者进入社群之后，心里会有一杆秤，如果你一开始就想着赚他们的钱，他们会觉得在你这里买东西太贵了。这样一来，他们很可能不会为你买单。

运营初期，亏本卖给消费者一些东西的话，消费者就会觉得在你这里买东西很便宜。如果消费者连着几次都以优惠价买到了商品，消费者就会从心里认为你的商品就是比别人的便宜。当消费者多次在你的平台中完成购物之后，对你的平台也会比较信任。此时，再将商品价格调整至正常水平，大多数消费者也会因为信任和购物习惯，继续留在你的平台。这样一来，平台的流量和销量就有了保障。

第六节　合适的生鲜电商平台选择

一、生鲜电商创业

（一）认识自己

在创业之前，一定要对自己或团队有一个明确的认知。无论做什么事情，都要先做一个明确的规划，探讨可行性，而不能盲目行动。

如果做生鲜电商，那么有哪些优势？是有产品供应链方面的优势，还是有团队管理的优势，抑或是拥有核心消费群体的优势。

为什么要分析自己的优势呢？因为优势会影响定位规划，进而决定生鲜电商业务是否能在本地快速进入社区社群，并且做得有特色，或者说比别人更有优势。

找到优势之后，从优势出发进行明确的规划，给自己一个清晰的定位。为什么从事生鲜电商？自己做的生鲜电商和别人的有什么不同？或者经营的生鲜电商要售卖怎样的产品才能比别人更具吸引力。

在都分析一遍后，如果觉得自己毫无优势，那么建议不要从事生鲜电商创业。最好先去生鲜电商做得比较好的公司就职，或者学习一下。现在生鲜电商的门槛越来越高，没有自己的优势是很难取得成功的。

（二）做好吃苦准备

创业一是要找到行业痛点，只要能够不断给出解决办法，坚持下去就一定会成功；二是要吃得苦中苦，生鲜电商创业要获得成功并不是一件容易的事，一旦确定，就必须要做好吃苦的准备。创业者需要明白的一点是：只要方向找对了，坚持下去，离成功就会越来越近。

（三）创业考虑

作为一个生鲜行业创业者，需要重点考虑两大趋势：一是内容电商；二是社区社群。

在以上两个方面，传统的母婴店把它发挥到了极致，如“孩子王”。在内容电商方面，大家熟悉的“大咖”鲁振旺近年来就玩得顺风顺水，他负责选产品和生产内容，与自媒体“大咖”号合作分成。在社区社群方面，包括“舒雍会”“新张利”等都在倡导，也在实践，近年来，全国各地也有很多的社区社群团队做得不错。

生鲜电商创业要获得成功，必须了解核心消费群的需求，而行业趋势就是对核心消费群需求的一种反映。所以，在进行生鲜电商创业时，生鲜电商创业者一定要从当前主要趋势中找到自己的突破点，让核心消费群体找到为你买单的理由。

（四）生鲜电商创业

小公司创业，最重要的一点就是专注。因为赚钱的机会很多，虽然我们的人力、财力、物力和精力都很有限，但只要专注于一件事就有成功的可能。也就是说，一旦找到有效果的方法就要反复做、重复做。如果本来人力有限，做事都缺人手，但还是有很多人想要合作，且许多还是不熟悉的项目。考虑到自身的实际情况，一些不合适的项目不要合作。

对此，生鲜电商创业者需要明确一点：合作看似是一件好事，但也要根据自身的实力来决定是否要做。千万不要为了面子和眼前的利益而合作一些难度较大的项目，否则可能离失败越来越近。

（五）生意和人情分开

许多人之所以能够取得成功，是因为他们懂得把生意和人情分开。其实在做生鲜电商创业时也是如此，创业本就是一件不容易的事，如果还要因为人情而掺杂一些不确定因素，那就更难获得成功了。

所以，生鲜电商创业者在创业和运营过程中一定要把生意和人情分开，人情归人情，生意归生意，可以通过其他方式还人情，千万不能因为人情而影响了自己做生意的原则。

（六）要有过人之处

创业艰难百战多，失败率可能会达到 99.99%。所以，如果创业者没有过人之处，最好不要盲目创业，因为你可能并不适合，在创业过程中需要具备 3 种能力：一是业务能力，也就是能够把东西卖出去；二是抗压能力，也就是能够承受得住“每隔两小时醒一次、哭一次”的能力：三是长年累月的坚持。如果创业者在这 3 种能力上都没有过人之处，就不要轻易地尝试生鲜电商创业了，因为迎接你的很可能是失败。

（七）坚持创业

创业如此辛苦，为什么还要创业？创业者中有这么一类人，他们天生不适合给别人打工，关键还才高八斗！给别人打工很难遇到伯乐，与其辛苦去找，还不如花同样的精力创业！

这就是创业的魅力！虽然辛苦坚持也不一定能够获得成功，但是如果连一些辛苦也无法承受，就更难获得成功了。

（八）创业是持久战

生鲜电商创业是一场持久战，一方面需要打造或找到靠谱的供应链；另一方面要找到稳定又靠谱的销售渠道。但是，即使找到了渠道，如果没有好的产品，也无法上架，毕竟渠道都需要找到好卖的产品，选品和品牌孵化就很重要了，而且品牌孵化还需要好的网红 IP（Intellectual Property，指个人对某种成果的占有权，在互联网时代，它可以指一个符号、一种价值观、一个共同特征的群体、一部自带流量的内容）代言，所以打造网红 IP 在生鲜电商创业时就需要提上日程。以“舒雍会”为例，在做生鲜电商创业时就是一手抓网红 IP 打造，一手抓品牌孵化的。

二、生鲜电商创业需要找准方法

（一）找到适合自己的运营模式

在做生鲜电商创业之前，创业者需要先确定自身的运营模式，再根据运营模式制定对应的运营策略。具体来说，生鲜电商运营模式大致可分为 7 种，生鲜电商创业者可以从中选择相对适合自己的运营模式。

1. 综合电商模式

综合电商即综合销售各种商品的电商，如天猫、拼多多、京东、苏宁易购、1 号店、亚马逊等。与其他运营模式相比，综合电商运营模式的优势主要体现在以下 5 个方面。

（1）综合电商平台通常占据了较大的市场份额，当前天猫、拼多多、京东等一线电商平台已占据中国 80%以上的市场份额。所以，这种运营模式往往能够获得大量的流量，也更容易获得订单。

（2）因为综合电商平台在多年的发展过程中，用户的购物习惯已经形成，所以这些平台会成为许多消费者的首要选择，当消费者看到这些平台上有生鲜商品时，如果自己有需要，自然就会进行购买。

（3）综合电商平台，特别是天猫、拼多多、京东等一线电商平台，在多年的运营中已经在消费者心中树立了鲜明的形象。相对于其他不知名的电商平台，消费者会更愿意到这些平台上购买生鲜商品。

（4）支付的便捷和安全也是消费者在电商平台购物重点考虑的因素之一，而综合电商平台的支付方式是被消费者自己反复验证的，所以消费者在这些平台支付生鲜商品购物款项时会更安心。

（5）许多综合电商平台拥有强大的品牌号召力和大量忠实的用户，这些优势是其他电商平台所不具备的。

虽然综合电商运营模式拥有众多优势，但也存在着一些明显不足，主要体现在以下 4 个方面。

（1）商品的标准不统一。因为综合电商平台只是一个为商家和消费者提供交易的平台，商品的销售还是由商家自行负责的，这就造成了商品的标准难以达到统一。在这种情况下，消费者要想购买到物美价廉的商品，就需要花费时间和精力进行细心挑选。

（2）商品质量难以保障。正是因为商品的销售由商家自行负责，所以在这种运营模式下，平台也无法把控商品的质量。但是，一旦生鲜商品的质量出现了问题，不仅商家会受到影响，还会让平台遭受消费者的质疑。

（3）商品损耗率高。许多综合电商平台的商家为了降低运营成本，通常会选择一些相对便宜的快递公司，这样一来，商品的损耗率就会相对高一些。再加上生鲜商品对运输和保存的要求相对较高，所以如果快递服务不够好，生鲜商品的损耗率就会更高。

（4）配送时间难以把握。快递运输也有快慢之分，许多综合电商平台的商家为了降低运营成本都会选择相对便宜而运输速度较慢的快递公司。但是，生鲜商品的保鲜时间是比较短的，所以很容易就会出现消费者收到快递时生鲜商品已不再新鲜的情况。

2. 垂直电商模式

垂直电商模式就是专注于某一领域运营，并通过细分为消费者提供专业的服务。因为专注和专业，所以在这种运营模式下，通常能更懂消费者，为消费者提供更满意的商品和服务，当然，这种运营模式也存在着一些固有的不足，主要体现在以下 4 个方面。

（1）很容易出现供应问题。因为没有前期的累积，所以垂直电商平台很容易在供应链上出现问题。一些刚创业的生鲜电商由于实力相对较弱，也很难与供应商达成合作，这样一来供应就更成问题了。

（2）商品配送容易变成问题。因为生鲜商品的运输和保存要求比较高，如果是将配送外包，商品的损耗率将很难控制。如果是安排员工配送，不仅会限制服务范围，还会带来大量的人力成本。

（3）销量难以得到保障。因为垂直电商平台的知名度通常都不是很高，在这种情况下，平台获得的流量比较有限，所以生鲜商品的销量就难以得到保障。

（4）商品的储存是一种考验。生鲜商品要做好保鲜工作，其储存的要求通常都比较高，而商家要想储存好生鲜商品就需要花费大量的成本，这对于大多数实力有限的垂直电商平台来说无疑是一种考验。

3. 物流电商模式

物流电商模式就是依托快递运输发展的一种生鲜电商模式，如顺丰优选。物流电商模式的优势主要表现在以下两个方面。

（1）运输快速。因为有专业的快递运输团队做支撑，所以在物流电商模式下，商品的运输快速，商品的新鲜度也更容易得到保障。

（2）储存有保障。一般来说，快递运输公司都会在全国各地设置大量仓储中心，而且其中会有一些专门储存生鲜商品的仓储中心。这样一来，生鲜商品的新鲜度就比较容易得到保障了。

除上述优势之外，物流电商模式也有一些不足，通常体现在以下两个方面。

（1）盈利需要的时间长。因为物流电商模式需要在前期花费大量的推广成本，所以这种模式要想获得盈利可能需要比较长的时间。这也是顺丰优选难以盈利的重要原因。

（2）商品供应面临挑战。物流电商模式更多的是依托物流发展电商，但是生鲜电商平台的发展根本在于商品的供应，要想实时供应生鲜商品比较困难。

4. 农场直销模式

农场直销模式可以简单地理解为开办自己的农场，通过自产自销的方式销售生鲜商品，如沱沱工社和多利农庄，农场直销模式的优势主要体现在以下 3 个方面。

（1）商品质量更容易把控。在这种模式下，农场都是自己管理，运营者在商品的质量方面不用过于担心，而且当消费者得知生鲜商品是由农场自产自销时也会更加放心。

（2）不用担心供应链问题。农场直销模式的商品都是自产自销的，运营者能够实时把握商品的供应情况，供应链问题自然就不存在了。

（3）新鲜度容易得到保证。农场直销模式采取的是自产自销的方式，而且许多消费者都是直接来农场采摘购买，商品的新鲜度能够得到很好的保障。

当然，农场直销模式也存在一些不足，主要体现在以下 3 个方面。

（1）销售范围比较有限。因为是依托农场的自产自销模式，又要保证商品的新鲜度，所以这种运营模式通常都会以农场为圆心在某一半径内进行销售。

（2）供应的商品品类有限。因为农场的面积有限，适合种植和生产的产品也是有限的，所以农场直销模式一般都只是提供某些生鲜品类。这样一来，消费者需求的多样性就很难得到满足了。

（3）运营风险较大。因为农场直销模式需要有农场做后盾，而在农场的经营过程中很多因素都会影响收成，所以，在这种情况下，运营风险无疑就增大了许多。

5. 食品供应商模式

食品供应商模式就是食品公司直接做生鲜电商，如“中粮我买网”和“光明菜管家”。食品供应商模式的优势主要体现在以下 3 个方面。

（1）供应链优势。许多生鲜电商之所以会被市场淘汰，主要原因之一就是供应链出现了问题。食品供应商模式拥有自己的供应链，所以其在供应链上的优势要远超一般的生鲜电商平台。

（2）明显的价格优势。食品供应商能把很多食品的定价权掌握在自己的手中，当价格战打响时，仍能占据明显的优势。

（3）强大的仓储能力，食品供应商通常都拥有自己的仓储中心，这样就为生鲜商品的储存提供了良好的场地。

食品供应商模式的不足主要体现在以下两个方面。

（1）商品损耗率高。对于大多数食品供应商来说，物流一直都是一大难题，也正是因为物流跟不上，很容易出现商品新鲜度难以保障、商品损耗率高等一系列的问题。

（2）前期成本较高。相比于天猫、京东等综合电商平台，食品供应商在生鲜电商的运营过程中，需要在前期投入更多的人力和财力。这样一来，前期的运营成本就会变得比较高。

6. 实体线上业务模式

实体线上业务模式是指已经在线下拥有实体店的商家开通线上生鲜电商的一种模式。这种运营模式主要以大型超市为主，如华润万家、永辉超市等。因为有线下实体店作为依托，所以该运营模式在近距离配送、冷仓储、供应链管理等方面都有显著的优势。

但是，线下实体店开展线上业务也会出现一些问题，其中就有运营成本的增加。该问题的出现主要有以下两个方面的原因。

（1）人工成本增加。当消费者在线上购买商品时，运营者不仅要安排人员进行打包和发货，还要安排人员配送或快递配送。这样一来，为了保证线上业务的正常进行，人工成本会显著增加。

（2）新增线上运营成本。线上业务开通之后，就要进行线上运营。无论是安排专人实时管理，还是时常查看，都会使商家增加线上运营成本。而且大多数商家对于线上运营的相关工作并不是很熟悉，使线上运营的时间成本大幅度增加。

7. 社区 O2O 模式

社区 O2O 模式就是以社区为中心，依托社区生鲜店铺和智能终端为社区居民提供服务的一种模式。目前，社区 O2O 被视为生鲜电商的一个重要突破口，许多公司和品牌都在做社区 O2O。例如，淘宝、京东和顺丰优选等都在社区 O2O 方面进行了大胆的尝试。

为什么大家都做社区 O2O 呢？这主要是因为该运营模式有诸多显著的优势，具体体现在以下 3 个方面。

（1）损耗率低。社区 O2O 模式主要服务的是附近的社区居民，生鲜商品的配送距离相对比较近，而配送过程中的损耗率也就比较低了。

（2）配送速度快。在社区 O2O 模式下，商家和消费者的距离比较近，配送的时间比较短，从下单到将生鲜商品送到消费者手中可能只要几十分钟，很好地满足了消费者快速获取商品的需求。

（3）成本更容易控制。社区居民的生鲜商品消费量是相对固定的，商家只要按需采购即可，减少了浪费造成的成本增加。再加上配送距离近，商品基本上都能及时卖掉，商家在商品存储方面也能节省不少成本。

当然，社区 O2O 模式也有一些不足，主要体现在以下两个方面。

（1）前期推广难度大。当商家新开一家店铺之后，要想让消费者在店铺内购物，不仅要让他们知道你的店铺，更要让他们信任你。而要做到这一点，就需要在前期花费大量的时间和精力去做推广。

（2）扩张速度缓慢。社区 O2O 模式服务社区居民的性质就注定了它的服务范围是比较有限的，所以扩张起来并不是一件易事，而且能够取得的效果通常也是较为有限的。

以上就是生鲜电商的 7 种主要运营模式，生鲜电商企业既可以选择其中一种模式进行重点突破，也可以通过多种运营模式的联动获取更多发展的可能性。一定要选择适合自己的运营模式，否则花费时间和精力难以取得效果不说，还有可能因为方向错误而造成不必要的损失。

（二）生鲜电商自有品牌的打造

自有品牌是指终端零售商在对消费者的需求进行收集、整理和分析的基础上开发出新品牌，通常设立自己的基地或委托其他企业生产，并独立控制销售渠道。

目前，欧洲发达国家自有品牌占比一般为 50%左右，美国和加拿大等国家的自有品牌占比超过了 30%，而我国零售系统的自有品牌占比则仅为 5%左右。我国零售系统在自有品牌占比方面与发达国家之间还是有很大的差距，同时也说明了我国零售系统在自有品牌打造方面存在着巨大的发展空间。

正是因为如此，国内生鲜电商巨头们纷纷开始打造自有品牌，如京东的“京觅”、盒马鲜生的“日日鲜”、永辉超市的“彩食鲜”等。

为什么要打造自有品牌？这主要是因为打造自有品牌特有的诸多优势，具体如下。

（1）自有品牌建立之后，可以按照自己的标准进行采购，从而与同行之间形成差异，增强品牌和商品对消费者的吸引力。

（2）自有品牌建立之后，借助品牌效应，更容易进行连锁店经营，从而实现品牌的快速扩张。

（3）自有品牌建立之后，零售商在自身定位的基础上，更容易找到发展的方向，塑造品牌价值，增强品牌对消费者的影响力。

那么，生鲜电商自有品牌要如何打造呢？目前，国内生鲜电商自有品牌的打造主要有以下 3 种方式。

（1）自己建造工厂，进行自产自销。

（2）通过参股和控股等方式生产自有品牌。

（3）通过合作代工的方式，通过贴牌生产，开发自有品牌。也就是说，销售商根据消费者的需求，委托供应商供货，并在产品上贴上自己的商标。目前，国内自有品牌的打造主要采用的就是这种方式。

其实，单纯的贴牌很容易造成消费者对自有品牌的无感。这主要是因为单纯采用贴牌的商品，空有一个自有品牌，但是商品在价格和品质上没有太多区别。这样一来，商品很难吸引消费者购买。

未来生鲜电商自有品牌的打造，还需要从生鲜电商的品类出发，通过对品类的细分和渗透，提高渠道销售能力、缩短流通环节、优化和改善供应链，从而为消费者提供安全和新鲜的生鲜商品。

三、选择合适的电商平台

（一）美团外卖

“美团外卖”于2013年11月上线，总部位于北京。截至2021年美团营收1791.28亿元，经营亏损235.36亿元，经调整净亏损为155.72亿元。

可能在大多数人的印象中，外卖主要指一些菜品的外送服务。经过几年的发展，“美团外卖”已经细分出美食、甜点饮品、超市便利、蔬菜水果和送药上门等多个服务品类。如图4-9所示为“美团外卖”App首页的相关界面。

图4-9 “美团外卖”App首页的相关界面

消费者点外卖比较关注的一个问题就是送餐速度，而“美团外卖”便是将速度作为卖点。如图4-10所示为“美团外卖”App的下载介绍界面，可以看到重点突出“送啥都快”。

“美团外卖”因为有自己的骑手队伍，最快30分钟就可以将外卖送到消费者手中，其送餐速度确实是比较快的。所以，如果生鲜电商运营者入驻“美团外卖”平台，便可以借助“美团外卖”的配送优势，将商品更快地送到消费者手中。

图 4-10　“美团外卖” App 的下载介绍界面

（二）饿了么

“饿了么”是一个于 2008 年创立的生活服务平台，作为出现得比较早的外卖平台，其获得了长足的发展。截至 2018 年 7 月，“饿了么”入驻的商家超过 130 万家、覆盖全国 2000 个城市、累计用户达 2.6 亿人。

与“美团外卖”相同，“饿了么”同样为消费者提供了多个消费品类。如图 4-11 所示为“饿了么” App 首页的相关界面。可以看到，在该界面的导航栏中展示的品类包括美食、早餐、商超便利和果蔬生鲜等 20 个品类。

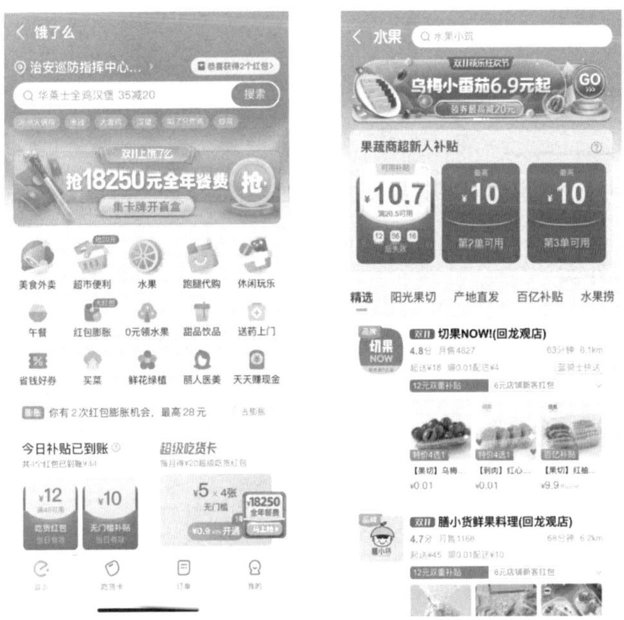

图 4-11　“饿了么” App 首页的相关界面

一个外卖平台除商家数量和服务品质之外，最能吸引消费者的就是优惠力度。“饿了么”不仅仅有大额的满减优惠，更设有一些类似于特卖的版块。如图 4-12 所示为“限时秒杀”的相关界面。可以看到，这个版块中的商品都是非常优惠的。

另外，收购“百度外卖”及被阿里巴巴收购，也为“饿了么”的发展提供了更多的契机。例如，在“支付宝”App 中直接为“饿了么”提供了入口，具体如图 4-13 所示。

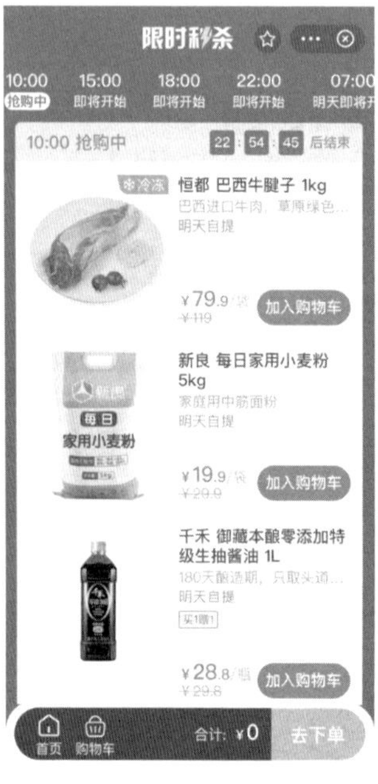

图 4-12 “限时秒杀”版块的相关界面

图 4-13 “支付宝”App 中的“饿了么”界面

（三）口碑外卖

“口碑外卖”是由阿里巴巴和蚂蚁金服整合双方资源之后，在 2015 年创立的一个本地生活服务平台，2018 年 4 月收购“饿了么”之后，“口碑外卖”中直接为“饿了么”提供了入口。如图 4-14 所示为“口碑快卖”App 中“饿了么”外卖的相关界面。

图 4-14 “口碑外卖”App 中的“饿了么”外卖相关界

也正是因为“饿了么”入口的存在，“口碑外卖”中没有再提供其他的外卖版块。当然，消费者也可以在“口碑外卖”的其他版块中在线选购生鲜商品。如图 4-15 所示为“超值抢购”和“大牌臻选”版块的相关界面。在这两个版块中，消费者可以以较低的价格购买到商品。但是，在购买之后，消费者需要自己到店领取，因为这些商家通常是不提供外卖服务的。

图 4-15 “超值抢购”和“大牌臻选”版块的相关界面

（四）京东到家

“京东到家”是京东 2015 年重点打造的 O2O 生活服务平台。2018 年 8 月 9 日，“达达—京东到家”成功获得沃尔玛和京东的 5 亿美元投资。作为一个专业的生鲜电商平台，生鲜商品是“京东到家”主要销售的商品种类之一。在“京东到家”App 中设置了“京东生鲜”，里面有“蔬菜”和“水果”等与生鲜相关的版块，如图 4-16 所示。

图 4-16 “蔬菜”和“水果”版块的相关界面

除专门设置的生鲜类版块之外，在“京东到家”App 中还有一些关于生鲜商品的促销活动，这也为生鲜商品的销售创造了良好的条件。如图 4-17 所示为“11.11 全球热爱季”活动的相关界面。

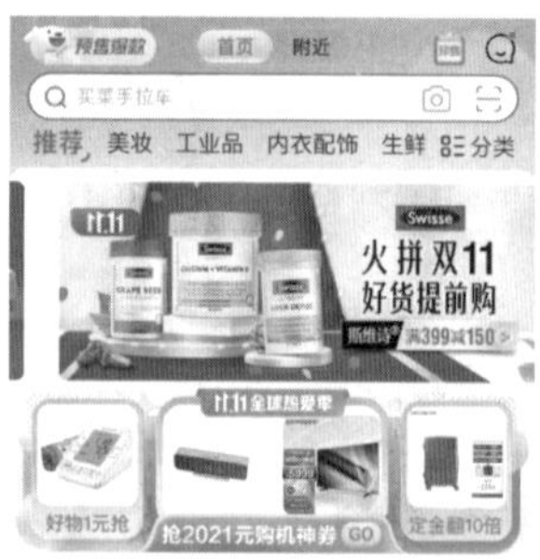

图 4-17 “11.11 全球热爱季”活动的相关界面

第五章　我国典型生鲜电商平台运营分析

进入 21 世纪以来，随着以手机为代表的智能移动终端设备和以 4G 为代表的无线通信网络的迅猛发展，越来越多的消费者利用碎片化时间使用智能手机参与在线购物等各种形式的消费服务活动。移动电子商务的崛起造就了巨大的新商机，特别是号称电商领域最后一片蓝海的生鲜电商，在过去几年迅速发展，据中国电子商务研究中心统计数据显示，在“互联网+”和消费升级的趋势下，生鲜电商得以更加全面迅速地发展，相继出现了多种生鲜电商平台，本章从生鲜电商平台的运营模式进行介绍和分析。

第一节　“盒马鲜生”运营分析

一、“盒马鲜生”概况

“盒马鲜生”是阿里巴巴对线下超市完全重构的新零售业态。盒马是超市，是餐饮店，也是菜市场，是一个从“生鲜”切入，自称不是超市、不是电商、不是外卖、不是餐饮的“四不像”物种。但这样的描述似乎又都不准确，消费者可到店购买，也可以在“盒马鲜生”App 下单。而“盒马鲜生”最大的特点之一就是快速配送：门店附近 3000 米范围内，半小时送货上门。其创新性的生鲜电商营销模式，颠覆了传统零售业的营销模式，无论是在线上还是在线下都改变了生鲜产业的竞争格局。“盒马鲜生”线下开设实体店，通过大数据分析不同地域的消费者爱好，针对当地门店上架最畅销的商品；线上依托其实体店，提供 3000 米以内、半小时送达的快递物流配送服务。

“盒马鲜生”的客户定位集中在“80 后”“90 后”这两批互联网原住民，他们对商品价格的敏感度相对较低，反而更关注商品的质量和功能。为了满足这些客户的需求，“盒马鲜生”也设定了新的消费价值官，即“新鲜每一刻”“所想即所得”“一站式购物”和“让做饭变成一种娱乐”。旨在让顾客每天都能吃到新鲜的食材，并且线上购买与线下购买商品的品质是一样的，再通过高度融合的线上、线下平台，消费者可以买到品种丰富的产品，即使没有时间做饭的上班族也可以直接在超市购买食材并加工。这种创新的营销理念是“盒马鲜生”能够成为“网络爆款”，吸引大量客流的主要原因。

二、“盒马鲜生”商业模式

从战略定位看，“盒马鲜生”以海鲜为切入口，针对中高收入的年轻消费人群，提供高品质的生鲜产品。“盒马鲜生”主打的海鲜品类齐全，其中中高端品类如波士顿龙虾和帝王蟹等占比较高，虽然在卖场内有一定的消费门槛，但价格明显低于传统酒店消费价格，因此“盒马鲜生”的海鲜产品价格具有一定的优势。“盒马鲜生”超市中的商品以进口商品占多数，定位为精品超市。从超市商品结构可以看出，其目标客户群体为中高收入的年轻消费人群，他们更注重购物的质量和体验，对价格的敏感性低。

从商业业态看，“盒马鲜生”是一个集餐饮、超市、物流配送、App为一体的综合功能体。在“盒马鲜生”卖场内开辟了提供海鲜加工服务的餐饮区，在这里既可以给顾客提供海鲜的现场加工堂食服务，也可以给顾客提供熟品的外带服务。这种把厨房做到超市里的新模式，使顾客更愿意在超市中逗留，增加了消费者在超市购买其他产品的机会。

从业务模式看，“盒马鲜生”采用以大数据和精准定位为支撑的线上、线下业务高度融合的业务模式。“盒马鲜生”以线下门店为基础，在实现正常门店的各项功能之外，还是线上“盒马鲜生”App的仓储和配送中心，将线上、线下业务相融合，来达到周边3000米范围内半小时送达的目标。

目前，“盒马鲜生”已经实现用户数字化、商品数字化、流程和管理数字化，从而大幅度提高了零售效率和门店及物流的营运效率。

三、“盒马鲜生”运营情况

“盒马鲜生”的运营可以分为线下店面运营和线上 App 运营。在线下店面运营方面，截至2018年12月31日，盒马国内门店数量已经达到107家。根据曹祎遐等（2017）等对“盒马鲜生”上海金桥国际广场店的调查，结果发现，该店线上订单平均每天4000单，客单价70元；线下平均每天2000单，客单价120元。其坪效相比传统商超高出3~5倍。然而，虽然有着较强的盈利能力，“盒马鲜生”线下门店目前存在的问题也很明显。以生鲜餐饮区为例：首先，餐厅区设计空间不足是“盒马鲜生”线下店面普遍存在的问题。一般而言，餐饮消费区是盒马鲜生线下店铺人流量最大的区域，但该区域在设计上空间不足且桌椅较少，在用餐高峰期经常存在等位现象，从而降低了顾客的用餐体验。其次，线下店铺生鲜区的管理和维护有待提高。生鲜区积水遍地、顾客随意调弄海鲜产品导致生鲜存活率下降以及生鲜摆放区域错乱的现象比较普遍。

在线上 App 运营方面，“盒马鲜生”有着较高的用户转换率。“盒马鲜生”App 线上订单占比超过 50%，营业超过 6 个月的成熟店铺更是可以达到 70%，线上商品转化率高达 35%。“盒马鲜生”App 根据购物流程来开展核心功能的开发，App 具有商品选择模块、商品搜索模块、商品管理和订单管理四大功能。其运营策略包含内容运营、活动运营和用户运营三个板块，在内容运营方面通过推送一些生鲜产品菜谱、菜品制作视频等刺激客户消费；在活动运营上跟其他电商无异，主要是通过促销类活动、节日类活动、热点活动等吸引流量；在用户运营上通过新人礼包、会员制、好友邀请等社交方式来增加使用人数，提高 App 用户黏性。根据《2018 上半年度 App 分类排行榜》中关于生鲜电商的排行榜单显示，“每日生鲜”位列第一位，而“盒马鲜生”排第七位；根据 TalkingData 数据显示，从 2018 年 3—10 月，“盒马鲜生”App 的用户活跃度高于行业均值，但还没有达到行业优秀水平；从月度活跃用户指数来看，截至 2018 年 10 月，“盒马鲜生”位列生鲜电商 App 第二位。

2020 年，盒马累计新开 91 家门店，业态涵盖“盒马鲜生”“盒马 mini”“盒小马”“盒马 X 会员店”“盒马菜市”“盒马烘焙”。其中，“盒马鲜生”开店量正逐年下滑，但仍是开店主力，占新店的 70%，“盒马菜市”开店量也大幅缩减，2020 年仅新开 1 家门店。相比之下，中小型业态发展势头迅猛，“盒马 mini”全年开店 14 家，开店量同比翻了 4 倍多。

第二节　“每日优鲜”运营分析

一、“每日优鲜”概况

该平台是一家在 2014 年成立的新零售机构，是一个围绕老百姓餐桌的生鲜 O2O 电商平台，其销售领域涵盖了速食、粮油、水产等在内的日常餐桌用品以及部分日用百货等生活用品。根据资料显示，2022 年 8 月“每日优鲜”全国所有门面均已闭店。

二、冷链物流管理存在的问题

（一）物流体系不稳定

由于我国生鲜农产品冷链物流的起步较晚，整个行业也都处于不断规范调整阶段，如果企业在冷链物流系统的建设上采取一步到位的策略，不仅会增加后期的调整难度，也会加大前期的投资。“每日优鲜”在此之前在技术上面临一些难题，如温控的准确性、配送信息跟踪的时效性、配送保险问题等。

（二）运输中的损耗较大

生鲜产品在运输的过程中由于温度、颠簸、失效等原因会产生一定的损耗，在一些发达国家，由于其包装技术、冷链运输技术等相对比较成熟，生鲜产品的平均损耗率仅为 5%左右，在我国生鲜产品的损耗率平均达到 12%以上。相比于一些个体生鲜电商，“每日优鲜”在包装上存在一定的优势，其损耗率也可以控制在 10%以内，但是从公司利润的角度出发，10%的损耗率意味着公司会失去 10%的利润，阻碍“每日优鲜”的可持续发展。

（三）物流末端配送效率较低

末端物流问题也就是物流配送的“最后一公里”问题，这是直接与消费者对接的最后一个物流环节，也是直接与消费者满意度相关的一个重要环节。由于电商客户普遍比较分散，“最后一公里”问题往往会成为影响整个物流配送的关键问题。“每日优鲜”的快递员的物流配送时间相对固定，但是客户的收货时间往往不够明确，客户电话无人接听的现象时常发生，导致生鲜产品在交到客户手中之前会脱离冷藏储存环境，增加了产品变质的风险。尽管目前很多城市有快递投放柜，但都是针对一些常温存储的商品，并不完全适用于生鲜产品。

（四）物流成本较高

“每日优鲜”在成本管理上经验略显不足，并且很多时候为了获得更多的市场份额，往往在很多决策上显得急功近利，不能很好控制成本。随着企业业务量的增长，企业冷链物流的成本增长更快，最终导致企业利润的负增长。

（五）专业化人才缺乏

人才是企业可持续发展的关键，现在企业之间的竞争，很大程度上是人才的竞争。冷链物流包括冷藏、保鲜、运输等多个方面的专业技术，其技术含量要远高于普通的物流运输行业。但是就我国目前冷链物流人才建设而言，还处于人才培养的尝试阶段，并且很多高校在培养上更侧重理论，实际应用较差。生鲜电商所需要的冷链物流人才是一种复合型人才，除了需要具备冷链物流相关知识外，还需要具备信息化、市场营销等知识。"每日优鲜"在这方面能做的也不多，专业化人才缺乏是制约生鲜电商进一步发展的关键。

第三节 "多点生活"运营分析

一、"多点生活"概况

（一）"多点生活"介绍

多点（Dmall）公司，全称多点生活（中国）网络科技有限公司，简称多点或Dmall，其成立于 2015 年 4 月，是基于 O2O 领域的生鲜以及生活快消品类的电商企业。多点 App 上面有来自 100 多个国家或者地区、超过上万种的各类商品，依托合作伙伴的生产运营设施，进行商品的冷链仓储与物流运输。顾客无论是在商超便利店或者新型业态体验店里购买，还是在多点 App 上下单，都能享受到"三千米范围，1~2 小时送达"的快速服务。

"多点生活"是线上线下一体化分布式电商平台，也是一站式数字零售服务商，一直采用联合线下零售商共同合作的模式经营发展。"多点生活"不仅能够为线下零售商提供仓配售、全渠道、一体化的完整电商体系解决方案，而且非常注重帮助线下零售商在保证现有业务正常运营的同时，完成向新零售的改造与升级。

（二）"多点生活"使命

"多点生活"致力于为用户提供"高品质、低价格、好服务"的生鲜服务，也为合作商家提供"新零售"全方位技术支持，推动零售行业消费升级。

（三）公司愿景

凭借全品类生活商品、领先的技术支持，"多点生活"正朝着中国人首选的生活购物电商平台这个目标努力奋进，即"多点生活"希望成为中国人首选的生活电商平台，坚持“让生活多点不同”。这个“不同”，包括消费者在“多点生活”平台上购物体验的不同，能买到各种各样、丰富多彩的不同商品，享受到专属独到的购物一体化体验，而且还与其他 O2O 生鲜电商的发展不同，“多点生活”走了一条不同的道路，即坚持以科技创新为发展动力，将大数据、人工智能、智能仓储等技术赋能给线下传统零售商，因这些不同而具有强大的市场竞争力。

（四）公司发展历程

“多点生活”自 2015 年成立至今已近 8 年，先后经历业务收缩、战略调整、技术创新和深度合作几个重要阶段，公司的关键发展历程节点如表 5-1 所示。

表 5-1 “多点生活”发展历程

年 份	发展历程
2015 年	4 月，获得 IDG 首轮融资 1 亿美元，“多点生活”成立，同时 Dmall App 上线；11 月，“全球精选”频道正式上线，满足消费者对高端品质商品的需求
2016 年	3 月，“多点生活”战略收缩，深耕京津上杭四城，与物美践行“线上线下一体化”深度运营模式。全年 GMV 达到 23.8 亿元，妥投订单 2065 万单
2017 年	3 月，恢复华东业务，启用“多点”战略，同时推出秒付、自由购服务实现会员一体化；8 月，联手新华百货，首次扩张到西北地区；11 月，联手河北、秦皇岛企业首次扩张华北业务，与物美系以外的武汉中百达成战略合作
2018 年	3 月，深投控与“多点生活”签署战略合作协议；7 月，“多点生活”与麦德龙建立合作，上线智能购新零售服务；9 月，与嘉荣建立战略合作关系，抢滩广东市场；截至 12 月，“多点生活”已与近 50 家中国零售百强企业达成合作，覆盖近万家线下门店，“多点生活”会员总数超过 5000 万，年 GMV 达 180 亿元。蝉联易观等移动生鲜电商类 App 榜首
2019 年	成为麦德龙中国独家技术合作伙伴，为麦德龙中国数字化升级提供全面服务；在物美完成整体切换，效果初现；正式对外推出服务零售企业的全面数字零售操作系统 Dmall OS，同时开启服务品牌商业务；完成 B+轮融资，引入战略股东招银国际、思念集团
2020 年	自助购入驻武汉火神山、雷神山医院超市；协助合作伙伴在全国建立 6000 多个社区抗疫提货站；正式发布零售联合云，为商家提供一站式全渠道端到端的商业 SaaS 解决方案及增值服务；正式与 Dairy Farm、广东 7-Eleven 达成战略合作；完成 C 轮 28 亿人民币融资
2021 年	战略合作硬折扣店奥特乐，12 天上线零售联合云；助力广东 7-Eleven 全面数字化转型；与锅圈食汇达成战略合作，并向国际化进一步加速；Dmall 零售联合云已获得超过 100 项国内外奖项，处于亚洲领先地位

二、“多点生活”运营和市场营销建议

当前“多点生活”主要存在的问题集中在运营、市场、品牌、内部组织和人员管理方面，如品牌营销不足导致平台流量偏低、自有配送能力不足导致物流成本较高以及商品品类管理存在缺陷导致用户购买体验不够好等问题。针对上述典型问题，提出以下建议措施进行改善。

（一）针对商品品类选择和管理不足的问题

特别是在“多点生活”O2O 业务上，多点 App 上有 1 万多种全球优质的商品，但是和行业其他生鲜电商相比较，商品的同质化非常严重，同时，当前的生鲜电商的消费者主要聚集在“90 后”的年轻人，特别是女性身上，所以“多点生活”可以从待售商品的选择上有针对性地补充，多提供一些差异化、品质较为高端或者具有稀缺性质的商品。特别是在“全球精选”板块，“多点生活”与物美集团旗下的各级采销团队应该协同作战，从前到后的一体化运营，在商品选择上多利用用户反馈和大数据技术分析出用户的主要商品诉求，在商品的展示与管理上面进行一定的创新设计，让用户容易看到自己想要的商品。同时通过商品的介绍、配图和有竞争力的价格快速吸引用户。

以上措施，其实是将公司的一大重心回归到重视商品的品类、价格及服务的轨道上，切实做到让商品本身作为生鲜电商服务的中心，从而提升行业竞争力。

（二）针对自有配送能力不足的问题

对于生活电商平台，配送时效性在用户体验方面的影响不言而喻，而“用户至上”又是“多点生活”的核心企业文化。“全球精选”频道自从上线以后，预售商品的 O2O 订单配送效率问题逐渐增多，虽然配送时间由最早的 2 小时到达，到如今的根据商品品类的不同提供 1~1.5 小时不等的配送时间，但是“京东到家”“盒马鲜生”等的配送时间，不管是什么商品，一律均是 1 小时内的配送到达服务。所以，“多点生活”应在“成本最优”的前提下协调资源、通力协作，将配送时效由 90 分钟改进到 60 分钟，并增加客户可选送货时段，提升用户体验。为了解决这个问题，建议增加第三方配送服务商的配送单量，让更多的第三方配送服务商参与预售商品“从供应商到顾客”的物流环节，在一定程度上可以缓解门店的配送压力，节省人力成本，使门店专注并全心投入 O2O 超市业务，并带给用户更优质的客户体验。但是订单切换给第三方配送服务商以后，双方的沟通协作、流程交接、

打包错误没有及时有效的应急措施、拣货和配送的现场管理和监督上还需要有更进一步的流程优化，效率的提升是永久的命题，这样才能赢得顾客的高满意度。

（三）针对品牌营销不足，平台流量偏低的问题

对电商而言，重大活动永远是吸引用户或者“圈粉”的最好营销契机。正如“双 11”这样的大型全球电商购物节，需要整个团队的通力合作，以实现将初期的不稳定用户转化为活跃用户，培养属于自己平台或者说生态圈闭环里面的活跃用户、稳定用户、忠诚用户，提升用户的留存率。特别是结合线下门店，“多点生活”需要充分利用 “6・18”“双 11”“双 12”这些电商购物节，给用户带来场景式的购物体验。

新零售时代强调的是人、货、场的场景重构，而且零售市场已经进入消费者时代，意味着消费者对市场起到更重要的决定作用，线下销售商必须要转变以商品为中心、以价格为主要手段的传统营销模式，重构新营销模式，由营销商品转变为营销服务。

在各种与大型供应商的线上、线下一体化促销活动中，除了得到大型供应商，如可口可乐、统一、金龙鱼等数百家知名品牌企业的支持外，同时还可以与神州租车、首汽约车、国美、苏宁等品牌进行跨界联合营销，用户到“多点生活”便利店购物，满 99 元可以免费享受 3000 米内的接送服务。同时，还可以在超市、便利店、物美新体验店实行机器人导购覆盖及智能电子触摸屏投放，除“多点生活”品牌、促销活动宣传以外，还可以增加其他附加功能，如发票打印等。这将为“多点生活”提供更多与顾客互动交流的机会，将更好地加深“多点生活”在用户心中的品牌认知。此外，电子触摸屏的投放将有助于打造卖场里的“多点生活”自有广告系统，不仅有交互，也能给“多点生活”带来更多的曝光宣传机会。但是，附加功能的实现需要技术等相关部门考虑如何支持，而功能的迭代创新、门店的维护实施需要各部门群策群力，竭力将展示屏的功能发挥到最大化。

（四）针对运营成本较高，单量不足的问题

要解决这个问题，就必须依靠精细化的运营，对于 O2O 业务，虽然已处于“精耕细作”的阶段，要求企业必须对商品、用户、流量的运营要更精细。做产品终归要以人为本，不断优化会员体系，根据不同类别用户的购买习惯、特点，给用户推送不同品类、不同品质的高频商品，进行精细化运营管理。同时，还要进行用户识别，有效促销。把促销券和活动优惠能真正发给“有需求的”用户，从而

为用户留存、单量的转化带来可能。大数据 AI 团队与运营部门要加强自动化的操作，其中包括用户分群，深度挖掘用户购买行为，分析特点、总结规律，将用户细分到不同类别；商品划项、用户推送提醒等。对于此类细节体验的优化，必须要精确识别用户，系统做到自动化，力争在人力有限的情况下可以做更完美的运营，给用户创造接触、喜爱并且依赖的机会。

第四节　“中粮我买网”运营分析

一、经营概述

以食品经营为主，针对城市办公族、居民和网络依赖性强的人群，“中粮我买网”注重食品安全，以“QS”认证为基本标志要求，存货管理严格按照“先进先出”，保质期与进出库有明确的时间允许范围。

“中粮我买网”食品库存专业化程度高。在存储空间规划上，通风、温度、灰尘等指数，商品之间摆放的关系都经过严格标准设计，操作规范细致。在仓储物流中，固定资产投资大，能力强，产品线丰富，能够充分满足消费者的多样化需求，能做到优质健康和有鲜度。

“中粮我买网”促销策略多样适用。以“我买卡”形式来增加预售量，减少消费者操作上的烦琐，提高页面操作效率。用“礼包定制”来提供团购服务，礼包的数量和种类可以灵活组合，同时，体现各种节日主题，来满足消费者消费心理的偏好。

网站由我买团、闪购、值得买、送礼专区、挑食、中粮专区、产地直送、大客户热线等频道组成，由进口食品、海外直采；生鲜水产、水果蔬菜；粮油米面、厨房调味；果汁饮料、冲调品、茶叶；酒（我买酒）；母婴产品、奶制品；休闲食品、饼干蛋糕；味道中国、干货；营养健康、有机、三低；早餐食品、方便食品；个护健康、美妆、清洁；餐厨用品、小家电、家纺；礼卡礼券、产地直送等大类组成。

在各类食品消费中，生鲜食品购买频率和金额有所上升，同比增速高达 30.34%。“中粮我买网”利用专业“温八”储运体系，能够做到“最后一公里”保鲜送达，使生鲜食品品质迅速得到提升。

二、分销策略

“中粮我买网”是中粮集团开拓的全新分销渠道，以网络销售平台为核心，布局网络战略优先策略，增加市场机会。

在市场渗透上，通过网店渠道持续创新产品销售方式，驱动企业进步。通过积累与分析网购消费者购买习惯和购买行为，不断培养黏度高、使消费者喜欢网上生鲜农产品消费的现代生活方式，并能由其需求进行产品创新和对特定消费人群进行产品定制。

促进新产品快速上市，保证新产品的成功率。新产品上市不再经历经销商开发、零售商选择的漫长过程，不必支付昂贵的进店费，可以快速呈现在消费者面前，实现和消费者的直接互动。

销售和品牌建设同步推进，使网购平台成为品牌传播、渠道拓展的集成新途径，为中粮集团持续创新带来活力，为消费者提供最安全、最丰富、最便宜、最便捷的食品及其服务。

三、采购前移，供应商先导管理

“中粮我买网”建立了一个专业的采购团队，在产品上线之前，对所设定的采购品类进行严格的筛选，筛选的内容和细节非常多，包装完好程度、厂家是否正规，有没有超过保质期，还要对产品的供应商、原材料甚至原材料产地、加工环节等进行全方位的考核。

对于普通消费者而言，在购买食品的时候所看到的添加成分信息、食品成色、包装情况和保质情况往往是不全面的。食品的加工环境、原材料情况、产地、运输过程等这些看不见的环节其实才是食品质量和安全的关键。“中粮我买网”凭借专业的买手团队对食品进行全方位、全链条的严格把关，并将相关食品的详细信息在网站上进行公开，不仅使食品质量得到保证，同时也让消费对自己购买的食品有更全面的认识。

四、物流冷配送

“中粮我买网”自建物流，在北京和上海分别建设新的物流中心，单体面积都在上万平方米，同时自行开发仓库管理系统和运输管理系统，大大提高物流速度及服务质量，更好地满足消费者的需求。对保质期信息实时监控，实现保质期内配送，自主开发了 WMS 和 TMS 系统。系统能够记录进出库数量，货物存放地点、状态，订单跟踪等。对商品销售、进量等进行统计、分析、预测工作。

普遍采取区域销售的产品以当地品牌、当地采购为主，不同的地区建立适合本地的采购渠道，保证了生鲜品质、降低了物流费用，仓储在温控、防虫、防潮等方面有严格的操作细则。生鲜农产品冷链真正做到了全程无缝对接，建成了完全独立的低温生鲜仓库，做到了从系统上保证生鲜农产品品质和物流服务。在远洋水产品上，实现捕捞船上冷冻包装，然后运输。顾客在网上下单后，进入冷库中分拣、包装，然后用冷藏车送到配送点，在配送点用冰箱、冰柜保存，“最后一公里”配送采用保温箱。商品送到以后，顾客还可以监测保温箱内的温度，一般控制在1℃。

五、竞争优势

首先，依靠中粮集团的主品牌优势，“中粮我买网”在品牌诚信、社会知名度方面有一定的优势。例如，出于对中粮集团品牌的信任，消费者也会对“中粮我买网”销售的产品的质量更加放心。其次，在采购成本上，依托中粮集团的支撑，“中粮我买网”在与上游供应商的谈判过程中，能够获得更大的议价权力，而这方面的优势也是纯网络型 B2C 公司无法比拟的。

此外，另一个关键性的优势就是资金压力相对较小。现在很多 B2C 型电子商务公司的背后都有风险投资的介入，这样的公司可能会在投资方的压力下，为了实现短期利益而放弃长期目标。中粮集团目前并没有给“中粮我买网”下达利润的考核指标。

六、推广策略分析

“中粮我买网”主要采用以下 3 种营销方式。

（一）广告营销

中文搜索引擎营销（SEM），包括搜索引擎优化（SEO）、搜索引擎点击广告（PPC）以及搜索引擎竞价等。“中粮我买网”通过“广投放、精监测、深优化”的营销策略，根据全新的“人群搜索偏好”来购买关键词，一举实现了 ROI 和投放费用同步上涨的效果，这在行业内非常难得。很多白领经常去的论坛，如人人网和开心网都能看到“中粮我买网”密集的广告。

（二）事件营销

“中粮我买网”从上线起，非常重视和消费者的互动。建立之初就推出 Flash

小游戏免费送美食，免费派发出去 1 万多份零食，积累了网站初期的注册用户。2009 年，中粮“悦活”与开心网合作，通过“悦活”种植大赛，短时间内积累了 2000 万粉丝。2010 年，“中粮我买网”通过举办“爱拼亚运会拼字得大”互动游戏，与美团合作“悦活果汁”及“U 格产品”，赞助新浪“备占世界杯”的“囤粮”等一系列活动，提高了自身的知名度，树立了全新的品牌形象。

“中粮我买网”通过自己的行动，树立了老牌央企在消费者心目中的新形象，超前的宣传促销模式让消费者感受到了“中粮我买网”的崭新面貌。

（三）社会化营销

2010 年开通新浪微博，后来又开通腾讯微博，“中粮我买网”的腾讯微博粉丝在短短 3 天内就实现了近百万倍的增长，由 299 名“井喷式”增长至 300 万名，如今粉丝达到了 1040 万之多，创造了企业微博粉丝增长的神话。

2012 年 7 月，“中粮我买网”与腾讯 QQ 超市合作，推出经营型游戏“中粮我买网超市”。该互动游戏极具趣味性和互动性，推出不久便得到了广大年轻人的青睐，让 QQ 超市的虚拟超市经营再度掀起热潮。从用户玩游戏中逐步渗透“中粮我买网”食品网购专家的品牌概念，潜移默化地给用户带来更多真实的体验。

2014—2017 年，“中粮我买网”逐渐遭遇持续巨额经营亏损的现象，总亏损额超过 30 亿元人民币。物流缺乏优势、线上运营能力有所下降、线下新零售缺失，这些问题都导致“中粮我买网”在艰难中存活。截至 2018 年 12 月，中粮我买网 App 活跃人数仅为 55.7 万。

第五节　其他电商平台运营分析

一、苏宁易购

2005 年，苏宁成立“苏宁易购”B2C 电商平台，经营产品现已覆盖传统家电 3C、红孩子母婴、运动户外等品类，具有强大的物流、售后及信息化支持能力。

苏宁具有采购渠道优势，货品种类多，议价能力强，产品价格优势突出。原有线下的消费群体和网购群体构成其客户群。原有的物流配送网络，可以直接提供遍布全国的物流功能。在支付上，与更多的第三方支付企业展开合作，增加支付方式的种类，同时优化网站设计，加强用户体验，努力改善用户购物环境。在低价格基础上，利用品牌优势不断地开辟新的合作厂商，多元化经营产品种类。

（一）盈利模式

一是传统销售服务盈利渠道；二是获得系列增值性服务收入。“苏宁易购”的产业链包括采购、销售、物流、服务等环节。“苏宁易购”继承了“苏宁电器”庞大合作厂商的优势，通过更大的采购规模以更低廉的价格获得与其竞争对手相同的产品。同时，“苏宁电器”全部实体门店成为其网店的支撑，共享物流使“苏宁易购”不存在传统 B2C 企业的发展瓶颈，大大节省了成本，其盈利可以投入其他方面，如售后服务质量、新的合作伙伴开拓等。

（二）产业链分析

“苏宁易购”的产业链由产品厂商、分销商、苏宁易购、最终客户 4 部分构成。“苏宁易购”通过虚实结合的战略，应用云计算、物联网、商业智能、各种通信工具以及加速上下游供应链的信息共享方式等，为消费者提供比以往更细致的服务。当消费者在“苏宁易购”和实体店内浏览商品时，将会获得更精准的推荐；如果需要家人、朋友的建议，“苏宁易购”还会提供即时通信工具。与此同时，“苏宁易购”联合供应商扩展它的产品内容，消费者可以同时获得有形产品和虚拟产品，后者包括存储服务、各类软件服务、智能家居解决方案、企业基础办公解决方案、企业基础 IT 解决方案等。“苏宁易购”将整理和理解消费者的需求，简单便捷地满足消费者的需求。

（三）“苏宁易购”生鲜

2013 年 7 月，“苏宁易购”扩展生鲜农产品网购业务，以国内知名生鲜农产品“阳澄湖大闸蟹”为开门试销品，并支持全国下单配送。“苏宁易购”通过整合具备冷链服务能力的物流公司，弥补冷链物流的短板。目前，“苏宁易购”还未建立自有的冷链仓库及物流配送体系，采取与生鲜农产品商户联营合作的模式。

2014 年 1 月，“苏宁易购”正式开通国际生鲜农产品购物通道，支持全国销售。

“苏宁易购”的“苏宁云台”以开放方式引入生鲜农产品商家，仅以少量产品试行销售，如智利的线鲍鱼、烟熏三文鱼、紫口贝、热熏虹鳟鱼、南极银鳕鱼、南极帝王蟹、车厘子 7 大生鲜农产品，客单价较低。

除了推出智利生鲜之外，“苏宁易购”2014 年还整合东南亚、南亚、美洲、欧洲等多个国际地区的优质生鲜资源。

报告显示，“苏宁易购”2020 年商品销售规模为 4163.15 亿元，同比增长 9.92%，其中线上平台商品销售规模 2903.35 亿元，同比增长 21.60%，线上销售规模占比近 70%。“苏宁易购”通过加强成本管控，店面加快结构调整，强化互联网运营能力，提升门店的运营效率；通过精简组织、推进门店、物流的合伙人机制，提高人效水平；强化会员运营和精准营销，更加注重投入产出效率；公司加强财务费用控制，财务费率同比下降。

二、本来生活网

“本来生活网”2012 年成立于北京，由北京本来工坊科技有限公司投资建立，经营的品类包括蔬菜水果、肉禽蛋品、水产海鲜、母婴食品、奶制品、有机食品等，是一个纯食品网络零售平台。

（一）能讲故事的创业团队

创业团队成员来自传媒、艺术、零售、农业等职业领域，以国外大型网络公司、报业集团、国际零售连锁的高管组成核心领导。

（二）经营策略

以小范围“种子用户”销售起步，SKU 控制在 1200 种，基本以生鲜农产品为主。以原产地为经营特色，由平台人员做买手下至田间地头，以“眼见为实”来控制产品质量，按照运营所确定的品类，起动季节和地点上的产品，从而由采购进入供应链，实现基地直送。

将食品安全视为首要原则，由品控委员会负责，围绕生产者、职能部门、认证标准、监控、检测、消费者等环节设立 6 道安全屏障；坚持对每一批次的农产品进行 43 项常规项目抽检，将最常见、最易添加的重金属、农药残留、添加剂等产品淘汰。

（三）媒体推广

发挥创业团队自身的优势，按照将生鲜农产品“定位+包装”，即产品特色外包装，宣传产品的价值。锁定媒体行业、商界、企业、财经等领域人群。邀请媒体报道，网站发布加网络多媒体载体传播，如微信、微博社区群等。用媒体人的品尝体验来传播、放大，唤起受众的反应。上线第一年，SKU 扩大到 5000 个，按照安全、有特色、有卖点，经过 3 年的经营筛选，销售品类保留在 4000 个。

（四）物流配送

“未来生活网”与“微特派”合作完成订单配送，共建全程冷链配送体系，提供冷链宅配。公司在北京、上海、广州自建生鲜冷库，支持北京、天津、上海市区、广州周边，江苏、浙江、安徽等地区上百个城市的冷链配送。在生鲜农产品配送上主要服务于一线城市。

第六节　生鲜电商平台运营策略

一、提升产品价值以打造平台核心竞争力

感知的产品价值对消费者的注册、浏览意愿影响最为显著，同时也会对消费者的购买意愿产生正向影响，所以提升产品价值对平台发展规模、吸引力、运营能力以及盈利能力的提高都有着举足轻重的意义。这几项能力是平台发展的核心竞争力，所有的生鲜平台都需要注重产品价值的提升，这是促进发展的根本保证。提升产品价值的具体措施如下：

（1）落实产品质量的保障措施。由于生鲜农产品的用途为入口食用且在途运输过程中易损，对于产品的评价标准难以统一，产品质量的保障一直是消费者最为关注的问题。产品质量包括新鲜程度、外观品质、食品安全等级等多个方面。针对产品质量保障的问题，生鲜平台必须密切关注产品质量控制的每个环节，并形成系统的质量控制管理，制定严格的产品上架标准，制作被大众认可的产品品级展示，为消费者选择产品提供可信赖的参考依据。

（2）增加产品选择的多样性。由于生鲜平台价格相较于生鲜市场普遍偏高，使其消费群体集中于中高收入人群，不利于扩大销售规模。因此，生鲜平台应该发挥线上优势，调动可用资源，增加可供选择的产品种类和价格跨度，为消费者提供多样化选择，满足消费者对生鲜农产品的不同需求，吸引更多消费者，促进生鲜平台发展。

二、提升服务价值以增强平台盈利能力

消费者感知的服务价值和物流价值对其购买意愿的影响最为显著。无论是售后服务，还是物流配送，实际上都是生鲜平台为消费者提供服务的表现。消费者的购买行为直接与平台的盈利能力有关，提升服务价值对增强平台盈利能力有着至关重要的影响。针对需要增强盈利能力的平台，可以根据自身资源特点，选择完善售后服务或优化物流运输的方式来进行改进。

（1）以完善售后服务为主要手段来增强盈利能力的生鲜电商平台。首先，要提升在线服务水平。生鲜电商平台要加强线上服务人员的业务水平，做到对问题及时反馈、及时解决。注重消费者的在线诉求，做到能够及时回答和解决消费者的问题，及时处理消费者的不满意和投诉，以降低消费者对在生鲜电商平台购物的顾虑，降低可能因购买带来的损失，能够推动消费者产生购买意愿。其次，完善售后服务体系。生鲜电商平台要积极做好售后沟通工作，关注消费者在购买完成后的评价和反馈，根据反馈对自身产品或服务进行改进，对赔偿损失标准做进一步的优化，提高赔偿的合理性和问题处理的及时性，从而降低顾客购买后可能带来的损失。

（2）以优化物流运输为主要手段来增强盈利能力的生鲜电商平台。应结合自身特点，选择合适的物流网络布局方案。比如，小型平台可选取“平台+第三方物流”的配送模式，在降低物流成本、有效保障运输安全的同时，可以提高物流运输的效率；针对一些实力较为雄厚的大型综合平台，可以对物流建设进行战略布局，自建同城或者区域物流网络，以优化配送环节品控。另外，针对消费者收货时间和平台配送时间存在的不匹配问题，生鲜电商平台可以设置弹性配送时间、收货时间制度，根据消费者的需要制定配送时间和方案，让消费者真正感受到在生鲜电商平台购物的便利性。

三、提升安全价值以扩大平台发展规模

感知的安全价值影响最大的是用户注册意愿。由此可知，对安全保障的提升可以提高消费者对平台的信任，使更多的消费者愿意尝试使用平台购物，这将有利于帮助平台增加用户注册数量，从而扩大平台发展规模。希望可以扩大发展规模的生鲜电商平台，应该反思自身在安全保障方面存在的不足，选择具有针对性的改进措施来推动平台发展规模的扩大。

（1）选择以加强个人隐私保护为首要措施。针对消费者对个人隐私外泄存在

的担忧，平台应当积极主动地向外展示关于隐私保障的条例和具体保障措施，让消费者可以看到生鲜电商平台在隐私保护方面采取的有效方法和法律手段，增强消费者（特别是仍然不习惯网购的中老年消费者）对生鲜电商平台的信赖。

（2）选择以提高交易资金安全为首要措施。生鲜电商平台应该选择知名度高、具有权威性的支付平台进行合作，同时增加支付方式的多样性，让消费者可以根据自身实际情况选择支付平台和支付方式，以减少对交易过程中资金安全的顾虑。提高消费者对资金安全的感知，以此来调动消费者对生鲜电商平台的使用意愿，鼓励潜在消费者进行线上购物，这是生鲜电商平台在扩大用户规模时应该考虑的一个重要因素。

四、提升交互设计价值以增加平台吸引力

良好的交互设计体验会促使消费者产生注册、浏览和购买意愿，其中对浏览意愿的影响更为显著。提升交互设计水平可以促使更多的消费者访问浏览平台，增加平台的每日活跃用户数量，这将有助于提升平台吸引力，从而推动平台发展。

对需要增加吸引力的生鲜电商平台，必须注重交互设计的优化，对导航便捷、视觉美观、操作方便等平台性能进行改良。首先，可以在平台介绍、产品说明上采用通俗易懂、简单直观的话语，使消费者可以轻松地了解平台产品，高效快捷地做出选择，减少消费者的时间成本，提高其感知利得。其次，还应考虑增加趣味性体验，使生鲜电商平台在消费者眼中是具备有效交流与互动要素的灵活平台，从而提高消费者在平台浏览中的愉悦体验，以激发其对平台的使用兴趣。

此外，交互设计对消费者关于产品价值、服务价值、物流价值和安全价值的感知也会产生正向影响。良好的交互设计可以帮助平台更好地进行产品展示、简化客服沟通流程、及时反馈物流信息、凸显安全保障措施，有利于促进消费者整体价值感知的提升。

第六章　生鲜电商面临的挑战和机遇

近年来，我国食品质量安全事件频繁发生，给人们的身心健康造成了严重的伤害，并造成了严重的社会影响，同时也暴露了食品全产业链的风险管理和质量管理的不足。从“农田”到“餐桌”的食品全产业链安全质量控制模式已被广泛采纳。目前，食品全产业链每个环节相互影响，通过传导和积累形成风险链，从而造成整个终端食品风险累积。本章在对食品全产业链流程描述的基础上，分析食品全产业链中风险影响因素和风险形成机理，结合范例对生鲜电商的经营理念进行细致分析。

第一节　生鲜电商发展的历史机遇

一、新冠肺炎疫情下生鲜电商的发展机遇

（一）网络订单暴涨，市场规模扩大

自 2016 年以来生鲜电商快速扩张，市场规模不断扩大，但随着互联网巨头的进入，生鲜电商行业的竞争十分剧烈，遭遇瓶颈期。而在 2020 年新冠肺炎疫情防控期间，“宅在家”是自我防控的首要方式，为了保障基本的生活需要，生鲜电商平台成为广大居民的首选，各大生鲜电商平台订单量飞涨，日均用户规模急速扩大，并且需要提前预订和“抢菜”，而且很多人下载了不止一个生鲜电商 App，生鲜电商 App 春节前后活跃用户相差巨大，春节后活跃用户到达顶峰，如图 6-1 所示。

疫情之前生鲜电商对于三、四线城市的消费者以及二线以下城市的中老年人来说都比较陌生，这部分消费者没有接触过生鲜电商，但在疫情暴发后，这部分市场得到快速发展，三线以下城市的本地生鲜电商市场规模不断扩大。“每日优鲜”在 2020 年 1 月 24 日到 1 月 28 日交易额比 2019 年同期增加 321%，每日的生鲜产

品供货量已到达 1000 吨；“京东到家”在 2020 年 1 月 27 日到 2 月 13 日总体销量同比上涨 450%，蔬菜上涨 800%、肉类上涨 1080%；2020 年 1 月 24 日到 1 月 31 日以微信小程序为主要渠道的生鲜产品交易单量增长 149%,社区电商平台订单量增长 322%；2020 年春节期间“叮咚买菜”的订单量日均环比上涨幅超 300%，订单量超过 400 万。同时随着订单量的不断增加，生鲜电商的市场规模也在不断扩大，2018 年我国生鲜电商市场规模达 1950 亿元，2019 年达 2554.5 亿元，2020 年达 3641.3 亿元，2021 年更是达 4658.1 亿元。

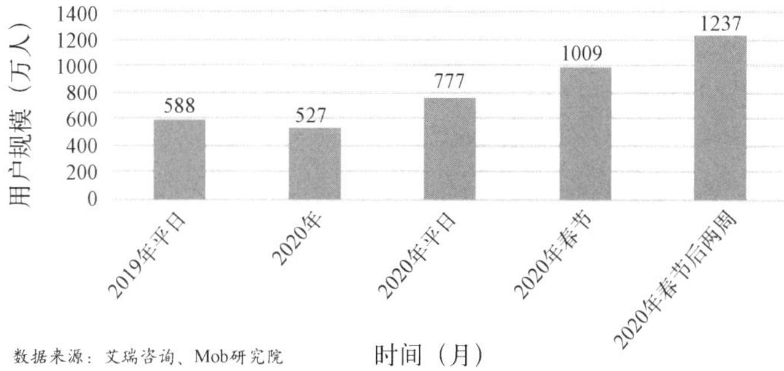

图 6-1 电商 App 日均活跃用户规模

（二）下沉成本降低，流量获取简单

疫情发生前，由于生鲜产品的时效性，电商平台的运营、推广费用占据生鲜电商总投资的很大比例。平台想要获取有意向的线上消费者艰难，电商渠道的下沉成本高，市场占有率低，而且消费者的转换率、留存率都很低。受疫情影响，政府出台相应的防治措施限制出行，居民“宅在家”是最好的保护自己的防疫措施，通过生鲜电商平台购买生鲜产品是消费者的最优选择。一方面，由于交通限制出行，生鲜产品运输不畅，一些地区生鲜产品供应紧张，消费者需要“抢菜”下单，因此很多消费者都同时安装了多个生鲜电商平台的 App，同时也加入了很多社区生鲜配送群，定时抢货，消费者主动下载、注册生鲜电商 App，平台下沉获取消费者的成本几乎为零。另一方面，政府、社区为了切实保障居民“菜篮子”安全，保障居民的日常生活，主动建立、推广社区生鲜购买配送群，把生鲜电商引入社区，帮助生鲜电商获取巨大免费流量，线上线下推广、宣传成本几乎为零，生鲜电商的日均活跃用户增长迅速、顾客转化率不断上涨，生鲜电商渠道下沉成本微乎其微。

（三）消费习惯和观念发生转变

疫情发生之前居民购买生鲜产品的消费习惯是去商超或者农贸市场，没有通过网络购买生鲜产品的消费习惯和意识，特别是中老年人和二、三、四线城市的居民，但疫情发生之后，二线以下居民使用生鲜电商平台的购买率同比2019年增速明显，说明消费者的消费观念发生转变，开始习惯使用生鲜电商平台，如图6-2所示。

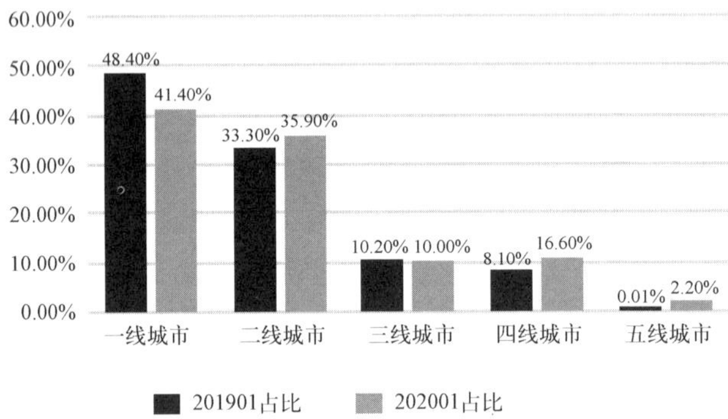

数据来源：艾瑞咨询、Mob研究院

图6-2 增长用户城市等级分布

在商超、农贸市场大部分关闭，生鲜产品供求不平衡，需要排队、限量购买，生鲜质量也有所下降，且很多商家趁机涨价时，大部分生鲜电商平台没有趁机涨价，反而迅速反应、出台应急措施，保障消费者正常的生鲜产品需求，因此很多消费者越来越趋向使用生鲜电商平台购买生鲜产品。其次，在疫情期间，生鲜电商不仅提供了丰盛的品类，而且备货充足，能够满足不同消费人群的需求，并且产品品质高、不涨价，下单后配送及时，2 小时内就配送上门，更重要的是通过生鲜电商平台购买生鲜产品，生鲜电商平台均采用无接触配送，消费者的安全得到极大的保障，而且平台还在社区设立智能冷藏自提柜，保证产品的新鲜、高品质。大部分有过网购经验的消费者没有养成线上购买生鲜产品的消费习惯。在疫情防治期间，生鲜电商平台既保证了配送人员和消费者的安全，又最大程度保障消费者所购买生鲜产品的新鲜、品质。因此，人们在线上购买生鲜食材的习惯会渐渐被培养起来，生鲜电商平台具有安全性高、品种丰富、产品质量好、配送及时、购买体验和售后服务到位的优点，从而使不同年龄段、不同区域的消费者接受线上购买生鲜产品，改变消费观念，适应和习惯线上购买生鲜产品的新零售模式。

二、新冠肺炎疫情下生鲜电商面临的挑战

（一）供应链体系不健全

疫情期间，由于获取客户的成本较低以及稳定的产品价格，生鲜电商平台供应链成为制约平台发展的重要因素。一方面，生鲜产品的生长周期、采摘等环节均受到疫情影响，平台订单比以往激增，面对激增的订单，供需的不平衡，生鲜电商平台所储备的生鲜产品不能满足消费者的需求，生鲜电商平台供应链采购压力大且采购困难，只能紧急寻找、联系供应商，增加产品供给及品种。但由于交通物流限制，即使联系到供应商也没有办法运输或运输效能有限，而部分生鲜电商平台由于没有完整的供应链作为发展基础，只能下架所有商品暂停营业，造成平台供应链体系和公司团队都承受巨大压力。另一方面，生鲜电商平台的供应链过于冗长，其包括上游生产企业、中游加工企业以及下游终端销售企业，缺乏灵活性、协同性、沟通性，不能对供应链实时把控，不能及时反映市场需求及采购需求，不能系统高效采购生鲜产品，并且没有系统完善的产品质量体系标准，产品质量标准不统一，在采购环节不能对供应商、生鲜产品质量进行严格的把控与审核，造成生鲜产品质量不稳定、消费者流失。因此，过长的供应链会增加生鲜电商的流通成本，造成生鲜产品损耗高、平台利润低。此外，平台在上游供应链的话语权不足，不能享受规模效益，成本较高。

（二）员工不足

2020 年新冠肺炎疫情暴发期间，恰逢我国农历新年，平台大部分的员工都返乡过年，只有少部分员工不回乡或因防治措施不能回乡。此时生鲜电商平台线上订单量激增，电商平台纷纷出台应急措施，积极应对疫情，实施无接触配送。面对比平时多出数倍的订单量，平台人员需求量也比往常大，但大多员工都回家过年，只有少部分人员留守岗位，因此到家配送人员不足，人力缺口较大。同时，由于到家配送业务活动范围较大，接触人员相对广泛，这些都大大增加了配送员工的安全风险及心理压力。此外在疫情防治期间，一方面是员工回不到岗位在家赋闲，另一方面是生鲜电商平台人力短缺，人工成本高，急需员工回到岗位开始工作。为保障平台正常运营和员工的安全问题，平台为员工提供了较好的待遇、福利，以及为员工配备口罩、手套等清洁防治用品，员工的防护成本和人力成本较高，而产品的利润较低，平台的日常运营成本明显涨幅较大，平台运营受到一定影响。

（三）冷链物流体系不完善，产品损耗高

生鲜产品作为一种特殊产品，具有较强的时效性、季节性、易损耗变质等特性，因此要保持新鲜、减少损耗、配送及时都需要依靠强大的冷链物流体系，生鲜电商想要长远发展，必须建设完善的冷链物流体系。电商平台冷链物流产业虽然发展迅速，但冷链仓储、物流配送等基础设施投资巨大，回报周期较长，管理水平较为落后，冷链规模较小，配送成本较高，没有形成专业的冷链物流体系和覆盖广泛的配送上门的物流体系，因此不能满足生鲜市场需求，一定程度上抑制了生鲜电商的发展。此外，我国大部分生鲜产品均采用常温运输、配送，生鲜产品保鲜率远低于国外的 90%，同时配送运输中生鲜产品的损耗率高，其中果蔬、蛋、粮油在运输过程中损耗最大。疫情期间，冷链物流很大程度上又受到限制，生鲜电商没有充足的冷链仓储来储备大量的生鲜产品，不能够把损耗降到最低，损耗极大；其次受交通限制，部分地区冷链仓库不能及时配送产品，导致平台不能及时补货，造成二次损耗；最后平台订单量激增，物流配送体系不能及时配送、无法配送或送达时产品质量下降，使顾客消费体验较差，造成退单现象，又加大了产品损耗。

（四）产品质量标准不统一

生鲜产品品质的好坏是决定生鲜电商平台能否发展壮大的重要因素，产品质量的标准化是平台建设的重要抓手。生鲜产品因其自身的特性，受到外部自然环境的影响，同样的品种由于产地、生产技术等因素的不同，也会造成产品质量有差距；同时由于生鲜产品不易保存、时效性强、保质期较短、易损耗等特性，造成产品质量参差不齐。疫情期间，由于交通管制，物流受到极大影响，生鲜产品的运输时效、配送的及时性等都受较大影响，容易造成产品腐烂、品质下降；受上游供应链影响，不同的生鲜供应商所提供的生鲜产品的品质会不尽相同，而且由于上游供应链缺乏人力，产品的生长周期不同造成产品质量的良莠不齐。另外，疫情期间限制出行，生鲜产品消费需求巨大，各大电商平台亟待补货，平台审查不严，上游供货商也有可能以次充好，消费者在网上购买的生鲜和实际到家的产品容易存在图片信息和实物不相符合，消费体验差。

第二节 生鲜电商国际发展借鉴

一、美国 Farmigo 公司：以社区为中心

Farmigo 是 2011 年美国 TechCrunch 举办的 Dis-rupt 创业者大会进入最后一轮的项目，已成为美国最大的第三方农产品在线交易平台。Farmigo 网站是连接农场和用户的平台，作为一个综合性的电商交易平台，它与中国的京东商城、1 号店等有很大的区别。最大的不同在于 Farmigo 采用以人为核心的电商模式，采取以社区为单位的团购活动，周边农场每周都会将来自不同的社区的订单进行汇总，然后进行配送，并且价格比超市便宜 25%左右。这种每周配送与每天配送相比，无疑减少了配送成本，当然时效性无法与我国的生鲜电商相比。同时定位于本地化服务，产品来自周边的家庭农场，就近取材保证了食材的新鲜，也减少了仓储费用，降低了流通成本，建立了农场与社区消费者之间的信任关系。

Farmigo 的成功之处在于两点：第一，在供应链管理方面，透明高效的供应链为生产者和消费者之间架起了信任的桥梁，同时使消费者体验到了 O2O 的优势，这是 O2O 模式顺利发展的核心所在。第二，美国的中小型及以上家庭农场达 260 万家，经过多年的发展，已经很成熟，保证了生鲜电商的采购渠道。

二、英国 Ocado 公司：B2C+O2O 模式

英国 Ocado 公司作为世界上知名的网上食品零售商之一，不仅涉及生鲜产品，还涉及其他食品、医药以及玩具等领域。Ocado 于 2002 年 1 月正式商业运营，采用“线上+线下”两种模式进行运营，线下与英国中高端超市 Waitrose 合作。消费者可以通过 B2C 模式在线上挑选产品，通过网上支付。Ocado 采用扁平化的供应链，大部分供应商根据订单将产品运输到运输中心 CFC，运输中心再根据订单发货给消费者，目前大多数消费者选择的是 B2C 模式。第二种为 O2O 模式，Ocado 选择在人流较为密集的街道设置虚拟橱窗，消费者在虚拟橱窗里购物，通过手机二维码支付，然后由消费者自行去 Waitrose 提货。

Ocado 在“B2C+O2O”商业运营模式、创新冷链技术以及整个供应链的优化配置对我国生鲜电商有着重要启示作用。第一，Ocado 全程采用恒温物流进行配送，保证了生鲜农产品的新鲜与品质。第二，从 Ocado 与 Waitrose 超市合作来看，生鲜电商通过线上订购与线下提货来运营也是一种很好的思路。第三，

在供应链整合方面，Ocado 采用扁平化的供应链结构，快速渗透英国 70%以上的家庭。

三、日本生鲜电商：大地宅配公司

如今日本的生鲜电商主要分两大类，第一类为综合性大型电商平台，这类电商平台类似于我国的淘宝、1 号店等，生产厂家付进驻费，平台进行监督。另一类生鲜电商为宅配类电商，主要售卖生鲜食材。"大地宅配"隶属日本守护大地协会有限公司，产品以有机生鲜农产品为主，守护大地协会有限公司引入农户、消费者成为股东，截至 2015 年已有 2500 名生产者会员，宅配及网购会员 24.1 万人，员工 198 人。2015 年总销售额 135.83 亿日元。守护大地协会有限公司和农民签订协议，确定收货品种和质量标准，全部收购质量达标的农产品。他们从生产、流通再到消费等整个供应链建立了农户与消费者无缝的信任关系。目前，约有 60%的消费者采用线上购买，然后由"大地宅配"进行配送，其配送服务已经覆盖日本全境。

日本生鲜电商模式带给我们另一种启示：改变消费者的消费习惯，提升农产品质量安全，增加购买人群，提高消费者线上购买黏性，建立产销信任关系。

第三节 生鲜产品的风险评价

一、相关研究概述

国外对食品全产业链风险影响因素的分析主要侧重于技术和贸易方式等外部因素，如 Morrijs J（2002）对食品贸易时形成的食品中生物入侵现象进行了研究；Kastemen J（2002）针对食品贸易国际化，研究进口食品安全影响因素问题。国外还有一些学者对食品全产业链风险影响因素的构成展开研究，如 Svensson G（2000）依据系统脆性理论对食品全产业链中生产加工环节的风险影响因素进行了定性描述，并建立了定性风险分析模型；Van Rijswijk（2008）认为食品加工和流通配送环节是形成食品供应链风险的主要影响因素；AsseltE（2010）从整个供应链视角对食品供应链中存在的风险影响因素进行分析，认为食品全产业链风险是由食品源头、加工、物流和销售 4 个环节的多个风险源相互作用形成的；

Leat 等（2013）研究了苏格兰主要的猪肉全产业链并寻求关键风险，发现生产者对不同风险和加强合作链弹性具有重要作用。

相比国外而言，国内对食品全产业链风险影响因素的分析主要依据食品全产业链风险因素的来源。如李晓宇（2009）通过构建食品全产业链物流方面的风险模型，分析食品全产业链风险因素；刘雪梅（2011）详细分析了食品全产业链风险产生的来源，为有效防范食品全产业链风险提供了可参考的价值；于亦文（2011）从农产品供应链内部各节点上存在的风险要素进行分析，探讨了农产品供应链正常运行下所存在的障碍来源；张诚（2012）通过分析内外部影响因素，采用解释结构模型建立了农产品供应链风险因素层次模型；崔后卿（2013）借鉴物流供应链运作参考模型（Supply Chain Operation Reference Model，SCOR），从供应链内部、外部和整体 3 个层次对食品全产业链风险因素进行辨识；颜波等（2014）针对新技术运用背景下食品全产业链风险的新特征问题，以食品全产业链风险影响因素为研究对象，给出了食品全产业链风险管理和控制措施等。

综合上述分析，国外对食品全产业链风险影响因素的研究主要集中于贸易过程和加工生产环节对风险形成的影响，较少涉及产业链完整流程的风险分析；而国内研究涉及食品全产业链风险形成机理较多，对食品全产业链全流程风险影响因素分析也多以定性分析为主。为此，本书在分析国内外相关食品全产业链风险研究文献的基础上，从整个链条全面辨识食品全产业链流程中各节点存在的风险影响因素，采用熵值法定量分析食品全产业链风险影响因素，从 3 个维度评价食品全产业链风险，确定我国食品全产业链风险的关键影响因素，以期为食品全产业链风险评价和风险控制提供参考依据。

二、风险评价指标体系构建

在研究相关文献的基础上，本书从生鲜食品全产业链流程视角构建生鲜食品全产业链风险评价指标体系，所构建的指标体系包括两层，如表 6-1 所示。其中，生产环节下划分出 2 个二级指标：自然环境污染，农药兽药残留；加工环节下划分出 5 个二级指标：使用不合格原料，使用不安全辅料（含添加剂和加工助剂等），加工环境不卫生，加工程序不当，包装不合格；流通环节下划分出 2 个二级指标：仓储运输条件不合格，废弃食品处置不当；餐饮消费环节下划分出 3 个二级指标：餐饮场所不达标，误食天然有毒食品，食品食用程序不当。

表 6-1 生鲜食品全产业链风险指标体系

生产环节		加工环节					流通环节		餐饮消费环节		
自然环境污染	农药兽药残留	使用不合格原料	使用不安全辅料	加工环境不卫生	加工程序不当	包装不合格	仓储运输条件不合格	废弃食品处置不当	餐饮场所不达标	误食天然有毒食品	食品食用程序不当

三、风险评价指标体系综合指数测算与分析

（一）三维风险分析模型

针对二维风险分析模型分析的不足，本书运用三维风险分析模型评价生鲜食品全产业链风险，并给出了三维风险分析模型（6-1）进行描述：

$$RL = f(F, R_s, R_i) \tag{6-1}$$

式中：RL 为农产品供应链风险值，F 为风险指标重要度，R_s 为风险因素发生后果，R_i 为风险因素发生概率。本书采用熵值法来计算食品全产业链风险评价指标重要度。

（二）风险因素发生概率

生鲜食品全产业链风险评价指标体系包含两层：分别是一级指标和二级指标。每项风险指标所占比例越大，表明该风险指标发生概率越大，具体风险评价指标所占比例如表 6-2 所示。

表 6-2 生鲜食品全产业链风险评价指标所占比例

一级指标	所占比例	二级指标	所占比例
生产环节	7.6%	自然环境污染 农药兽药残留	1.8% 5.8%
加工环节	80.6%	使用不合格原料 使用不安全辅料 加工环境不卫生 加工程序不当 包装不合格	10.9% 45.7% 15.6% 2.6% 5.8%
流通环节	4.3%	仓储运输条件不合格 废弃食品处置不当	1.9% 2.4%
餐饮消费环节	7.5%	餐饮场所不达标 误食天然有毒食品 食品食用程序不当	6.0% 0.5% 1.0%

由表 6-2 可知，在一级指标中，加工环节所占的比例达到 80.6%，表明该环节发生风险的概率最高。从二级指标中可以看出，使用不安全辅料所占的比例达 45.7%，加工环境不卫生占的比例达 15.6%，使用不合格原料占的比例达 10.9%，这 3 种风险影响因素所占的比例都在 10%以上，充分说明在该指标下发生生鲜食品全产业链风险的可能性很大。因此，通过对生鲜食品全产业链风险发生概率分析，得出了影响产业链风险的关键因素，具体如图 6-3 所示。

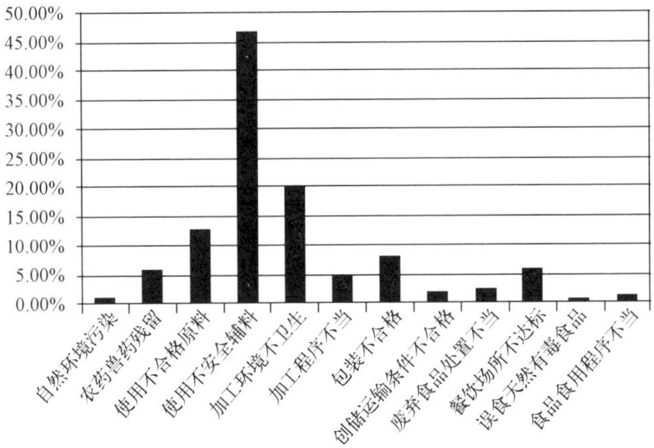

图 6-3　风险评价质保所占比例分布

本研究所依据的指标体系数据是由张红霞所提供的，张红霞所分析的农产品供应链风险来源是以网络媒体报道的食品安全事件为研究对象。其中，为了保证研究数据的客观性和公正性，选择的网络媒体包括政府行业网、食品行业专业网和新闻媒体等权威性和真实性高的网站。具体的工作包括广泛搜集相关资料，并进行重复性和有效性筛选，共得到了近几年所发生的 3300 个有效事件。这些有效事件都是随机的，不存在对某一方面的侧重，所以更能客观全面地反映生鲜食品全产业链风险的整体情况。

（三）风险评价指标重要度

1. 熵值法

熵，英文为 Entropy，是体系混乱（或无序度）的量度，用 S 表示，应用在系统理论中可以将其内容简单概括，如表 6-3 所示。

表 6-3 在系统论中的熵

熵	表现			
值越大	越无序	信息量少	效用值越小	权重越小
值越小	越有序	信息量大	效用值越大	权重越大

本研究所选取的方法为熵值法。熵值法是一种客观赋权方法，在一定程度上能够规避因主观因素而带来的偏差。评价某种方法的优点和缺点，最关键的一个因素是客观性，即某种方法应用在实际算例中，其结果能不能客观反映研究对象的实际情况。

2. 熵值法的计算方法及步骤

（1）数据矩阵。

由 m 个样本组成，评价指标体系包括 n 个指标，用 n 个指标做综合评价的因素，这样就形成了评价系统的初始矩阵（6-2）。

$$X=\begin{bmatrix} x_{11} & \cdots & x_{1n} \\ \vdots & \ddots & \vdots \\ x_{m1} & \cdots & x_{mn} \end{bmatrix},\ X=\{x_{ij}\}(0\leqslant i\leqslant m,\ 0\leqslant j\leqslant n) \tag{6-2}$$

其中，X_{ij} 表示第 i 个样本第 j 项评价指标的数值。

（2）指标标准化处理。

正向指标标准值，如（6-3）所示：

$$X'_{ij}=\frac{X_{ij}-\min(X_{1j},X_{2j},\cdots,X_{mj})}{\max(X_{1j},X_{2j},\cdots,X_{mj})-\min(X_{1j},X_{2j},\cdots,X_{mj})} \tag{6-3}$$

i=2，⋯，m；j=1，2，⋯，n

负向指标标准值，如（6-4）所示：

$$X'_{ij}=\frac{\max(X_{1j},X_{2j},\cdots,X_{mj})}{\max(X_{1j},X_{2j},\cdots,X_{mj})-\min(X_{1j},X_{2j},\cdots,X_{mj})} \tag{6-4}$$

i=2，⋯，m；j=1，2，⋯，n

（3）计算第 j 项指标下第 i 个样本所占的比重，如（6-5）所示：

$$P_{ij}=\frac{x_{ij}}{\sum_{i=1}^{m}x_{ij}}(j=1,2,\cdots,n) \tag{6-5}$$

（4）计算第 j 项指标的熵值，如（6-6）所示：

$$e_j = -k\sum_{i=1}^{m} p_{ij} \ln p_{ij} \tag{6-6}$$

其中：$k>0$，ln 为自然对数，$e_j \geqslant 0$。式中 k 与样本数 m 有关，一般令 $k=1/\ln m$，则 $0 \leqslant ei \leqslant 1$。

（5）计算第 j 项指标的差异系数，如（6-7）所示：

$$g_j = 1 - e_j \tag{6-7}$$

式中，g_j 值越大指标越重要。

（6）计算评价指标权重，如（6-8）所示：

$$S_j = \sum_{j=1}^{n} W_j P_{ij}, (j = 1, 2, \cdots, n) \tag{6-8}$$

（7）计算各样本的综合评价值，如（6-9）所示：

$$W_j = \frac{g_j}{\sum_{j=1}^{n} g_j}, (j = 1, 2, \cdots, n) \tag{6-9}$$

3. 风险评价指标重要度

本书采用熵值法对生鲜食品全产业链风险评价指标进行计算，得出相应的指标重要度，如表 6-4 所示。

表 6-4　生鲜食品全产业链风险评价指标重要度

一级指标	所占比例	二级指标	所占比例
生产环节	27.1%	自然环境污染	13.4%
		农药兽药残留	86.6%
加工环节	30.7%	使用不合格原料	14.0%
		使用不安全辅料	50.7%
		加工环境不卫生	21.9%
		加工程序不当	5.0%
		包装不合格	8.4%
流通环节	15.4%	仓储运输条件不合格	44.2%
		废弃食品处置不当	55.8%
餐饮消费环节	26.8%	餐饮场所不达标	79.0%
		误食天然有毒食品	6.6%
		食品食用程序不当	14.4%

从表 6-4 的评估结果中可以看出，一级指标中加工环节的权重最大，占到了 30.7%，这表明加工环节对生鲜食品全产业链风险评价最为关键。二级指标中“使用不安全辅料”风险因素在加工环节中占 50.7%的权重，“农药兽药残留”风险因素在生产环节中高达 86. 6%的权重，“餐饮场所不达标”风险因素在餐饮消费环节中所占权重为 79.0%。

4. 风险因素影响程度

不同的风险因素所产生的风险结果是不同的，具体风险因素影响后果包括：自然环境污染可引发大面积严重疾病或死亡，造成灾难性后果；严重的农药兽药残留可导致重度或大面积食物中毒；使用不合格原料可导致轻微食物中毒；使用不安全辅料（含添加剂和加工助剂等）可致一系列严重疾病，如癌症和生理疾病等；加工环境不卫生和加工程序不当，严重者可导致食物中毒，引起身体不适；包装不合格基本上无显性伤害，但受有毒有害包装所污染的食品会有损健康；仓储运输条件不合格可致食物中毒；废弃食品处置不当可致食物中毒，引发身体不适；餐饮场所不达标可导致大面积食物中毒；误食天然有毒食品，严重者直接导致人中毒死亡，食品食用程序不当可致食物中毒，引发身体不适。本书通过分析风险因素影响后果，使用风险矩阵方法给出了风险因素的影响程度，如表 6-5 和表 6-6 所示。

表 6-5　风险因素影响程度等级划分

赋值	风险因素影响程度等级
1	极小（无伤害，x<1%）
2	小（较小伤害，1%<x<5%）
3	中等（中等伤害，5%<x<10%）
4	大（严重伤害，10%<x<20%）
5	极大（灾难性伤害，x>20%）

注：“x”表示样本中所占比例。

表 6-6　生鲜食品全产业链风险因素等级评估

一级指标（环节）	二级指标（风险因素）	风险因素影响程度
生产环节	自然环境污染	5
	农药兽药残留	4

续表

一级指标（环节）	二级指标（风险因素）	风险因素影响程度
加工环节	使用不合格原料	3
	使用不安全辅料	4
	加工环境不卫生	3
	加工程序不当	3
	包装不合格	2
流通环节	仓储运输条件不合格	3
	废弃食品处置不当	3
餐饮消费环节	餐饮场所不达标	4
	误食天然有毒食品	5
	食品食用程序不当	3

根据表 6-5 和表 6-6 的评估结果，可以得出如下结论：首先，从一级指标来看，加工环节的生鲜食品全产业链风险因素最多，因此其影响程度比较大；其次，二级指标中，最为关键的影响因素是加工环节中使用不安全辅料、加工环境不卫生和使用不合格原料，风险因素发生概率极高；最后，从风险影响程度来看，生产环节中的农药兽药残留、流通环节中仓储运输条件不合格、加工环节中的使用不安全辅料和餐饮消费环节中的餐饮场所不达标，这 4 大风险因素的影响程度都属于极大影响等级。

5. 基于三维风险分析模型对全产业链风险评价

相对于二维风险分析模型，三维风险分析模型弥补了二维风险模型的不足之处，从 3 个维度，即风险发生概率、风险指标重要度和风险因素发生后果，综合分析食品全产业链风险，进而明确关键风险影响因素，具体如图 6-4 所示。

依据三维风险折线趋势图可知，3 个维度的分析结果趋势基本上是一致的，其结论都表明，使用不安全辅料、加工环境不卫生和使用不合格原料是 3 个重要的风险影响因素，其中使用不安全辅料是最关键的风险影响因素。

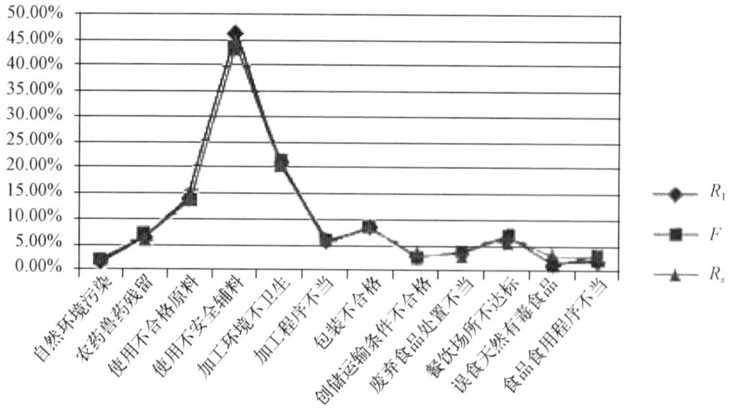

注：R_1为风险因素发生概率，F为风险指标重要度，R_s为风险因素发生后果。

图 6-4 三维风险折线趋势

鉴于二维风险分析模型的不足，本书给出了三维风险分析模型，即风险指标重要度（F）、风险因素发生后果（R_s）、风险因素发生概率（R_i）。指标的重要度是评价生鲜食品全产业链风险的一个重要维度，本书采用熵值法来计算生鲜食品全产业链风险评价指标的重要度。通过分析风险指标的重要度、风险发生概率和风险后果影响程度这 3 个维度，得出了生鲜食品全产业链风险评价的结论：加工环节是生鲜食品全产业链风险评价最为关键的环节，同时该环节包含的风险因素比其他环节包含的更多；二级指标中的使用不安全辅料、农药兽药残留和餐饮场所不达标，这 3 个风险因素对生鲜食品全产业链风险影响程度达到了极大等级。基于这一评估结果，对于当前生鲜食品全产业链风险所面临的诸多隐患，相关部门可以采取相应措施，集中精力和资源，有效地解决（或防范）重要的关键风险因素。

第四节 生鲜产品的质量保障

一、抓好生产源头，消除源头风险

首先要规范农产品种植养殖基地，加大对农场种植养殖的监管力度，根据客观条件及当地经济发展状况，尽可能地采用规模化养殖种植，统一化生产操作。其次要加大科研创新力度，通过科技创新发展农产品，如提高农药和肥料的使用技术、土壤改良技术、灌溉技术和农产品质量检测技术等，提高农产品质量。

二、加强监管力度，降低加工风险

从采用三维风险分析模型分析的结果来看，加工环节是影响食品供应链风险的关键，加工环节中的使用不安全辅料风险因素影响力度极大，而且发生概率极高。因此，要严格控制农产品加工过程使用的食品辅料，常见的食品辅料有食品添加剂和防腐剂等。同时，从法律角度来讲，要加大执法力度，对使用不合格食品辅料的企业要依法严厉惩罚，坚决杜绝食品安全事件的发生。

三、完善技术设备，减小流通风险

从目前来看，我国物流行业尚处于发展阶段，无论是技术还是设备，都有待于提高和完善。食品在运输和流通过程中很容易受到微生物、温湿度和化学因素等影响，尤其是生鲜冷链食品，如果流通设备不完善，会直接导致食品变质，甚至会发生重大食品安全事故。同时，要加强运输流通过程的监管力度，严格规范流通规章体制，坚决严惩不合格和不规范的运输流通。

四、建立信息机制，降低信息风险

各节点之间信息不共享是造成食品全产业链风险的主要原因，有效的供应链信息协调机制能够保障供应链各节点信息共享，从而降低供应链风险发生的概率。然而建立供应链信息协调机制是一项复杂的系统工程，需要供应链各节点相关企业和政府部门共同采取措施，相互配合才能达到共同期望的目标。

第五节　生鲜电商的信任机制建立

一、生鲜网购信任的重要性

（一）有利于品牌形象的树立

随着国民经济的快速发展和人们生活水平的不断提高，我国已经进入了信息功能透明的互联网时代。生鲜电商如果要想实现对消费者的网络承诺，就必须不断提高产品的质量，扩大产品市场，这也是吸引消费者、提高产品差异化的主要手段，有助于提升企业的社会效益。生鲜电商注重树立品牌形象，通过品牌的建设来提高企业的核心竞争力，这不仅有利于进一步推动企业业务的持续健康发展，还可以提高消费者对品牌的忠诚度。但是，由于我国目前还没有完善的生鲜网购物流配送体系，所以在一定程度上限制了生鲜网购的种类和范围，再加上生鲜产品具有较高的隐匿性、不确定性以及食用滞后效应，增加了消费者进行生鲜网购的风险。虽然网上购物改变了消费者的购买习惯，但是各种因素仍然限制了生鲜网购的发展，也阻碍了生鲜网购的产品推广和品牌建设。

（二）有利于消费者避免购物风险

由于我国的网络购物行业管理机制不完善、市场准入门槛低等因素，导致信用缺失、商业欺诈、携款潜逃等情况经常发生，从而导致消费者在网络购物过程中具有较高的潜在风险，损害了消费者的直接利益。与其他工业产品相比，生鲜网购产品的外观质量无法直接观察到，并且也很难得到与营养、质量安全有关的信息，尤其是生鲜网购产品内在的物质，如磺胺含量和瘦肉精等，甚至在食用之前，通过味道都很难判断该产品是否存在污染或者含有有毒物质。

产品中如果含有致癌物质或有毒物质，被消费者食用后，在体内会有很长的滞后期，有可能消费者食用生鲜网购食品几年之后，才能觉察到该产品存在质量问题。所以，生鲜网购质量安全的高度隐匿性进一步提高了消费者进行生鲜网购的风险。

（三）有利于提高品质承诺与保证

一般情况下，工业产品都会经过标准化的设计和生产流程，具有系列化和标准化的特点。生鲜网购产品由于受到自然环境的影响较大，无法对其制成品在纹理、颜色、长度、大小等方面有一个标准的规范；再加上生鲜网购产品对存储的环境和物流要求较高，普通的冷链物流并不符合生鲜网购产品储运的要求，从而导致消费者在购买生鲜网购食品之后，质量并不能得到很好的保证，或者保证缺乏效力。

二、天猫“喵鲜生”信任机制分析

天猫“喵鲜生”在网络购物 B2C 平台中占据了较大的份额，是中国 B2C 生鲜网站的风向标。“喵鲜生”为了确保消费者的权益不受到损害，在设计网站时，就考虑到很多因素，并通过一些具体的措施来尽可能地保护消费者的权益。“喵鲜生”信任机制如表 6-7 所示。

表 6-7　“喵鲜生”信任机制框架

“喵鲜生”信任机制											
商家准入退出机制			消费者退货机制			消费者退款机制			消费者评价机制		
品牌评估	资质审核	商家品控	退货运费险	假一赔三	7 天无理由退货	货到付款	第三方担保	7 天无理由退货	商品评价	服务评价	物流评价

（一）B2C 集市店铺准入机制

“喵鲜生”为了从源头保护消费者的合法权益，对想进入淘宝平台开店销售的生鲜电商列出了明确且严格的准入条件，只有符合这些条件的生鲜电商才可以在淘宝平台上销售生鲜产品。开店流程如下：

（1）商家先用手机号注册一个淘宝会员账号，一个手机号码只能申请一个淘宝会员账号；

（2）进行支付宝实名验证，商家需要提供银行卡账号以及身份证号码；

（3）进行开店认证，商家需要上传身份证照片和个人真实照片一张；

（4）参与淘宝网开店考试；

（5）填写一些开店必需的信息；

（6）成功开店。

从这个流程中可以清楚地看到，卖家要想开店，就必须提交真实信息，同时进行身份信息认证。同时，卖家还要提供两张可以看清本人以及身份证号码的电子照片，分别是卖家上半身照片或者手持户口簿的照片、持身份证正面头部照。其中，持身份证正面头部照要非常清晰，可以看清身份证上面的每一个字；手持户口簿的照片要可以看到卖家的完整信息，并且拍摄电子照片之前，卖家需要免冠，拍照过程中不能化妆，不能摆姿势，女性的头发不能遮到耳朵，电子照片也不能用美图软件进行处理。如果判断卖家提交的照片不合格，卖家就无法通过实名认证。卖家照片合格之后，淘宝网会打 1 元以内的钱到卖家提供的银行卡账号上，卖家收到钱之后，要将具体金额填写上交。如果金额输入正确，卖家就正式通过了身份信息认证。此外，卖家如果想在淘宝平台上开店出售自己的产品，还需要参与淘宝网组织的开店考试，考试时间为 1 小时，卖家需要在网上答题，考试内容主要包括淘宝店铺经营的行为规则、淘宝网开店规则以及开店过程中需要注意的事项。卖家考试分数超过 60 分以上（含 60 分）则考试通过。如果在 60

分以下，卖家可以继续了解淘宝规则，然后再参加考试，考试的时间和考试次数没有限制。

（二）消费者信任措施

传统生鲜市场是以地缘关系为基础进行交易，这种关系可以确定客户的范围，由于是面对面进行实物交易，没有中间人，所以这种交易方式可以方便用户对商家进行监督。消费者的监督可以促使企业养成诚信的好习惯。但是，由于生鲜网购具有自由性、虚拟性和匿名性等特点，在交易过程中经常会出现各种各样的问题。淘宝网为了提高消费者的信任采取一些措施，主要包括以下几个方面。

1. 退货运费险

消费者如果在加入退货运费险的卖家中购买需要的商品，收到货物后觉得不喜欢或者认为生鲜质量存在问题，需要退货给卖家所产生的快递费用由保险公司支付，不需要买家或者卖家来承担运输费用，但前提是买家在购买商品时购买退货运费险。目前，淘宝网的退货运费险只对加入 7 天无理由退换服务的卖家开通，所以买家需要注意没有加入 7 天无理由退换服务的卖家无法提供退货运费险服务。

2. 假一赔三

卖家在天猫“喵鲜生”平台上出售的商品，如果可以保证都是正品，就可以加入“假一赔三”。如果出现假货，消费者将进行维权，因此卖家需要在自己的支付宝账号中事先冻结 3000 元人民币的保证金。买家收到货物之后，如果发现商品是假货，就可以根据“假一赔三”的规则向卖家索取赔偿，赔偿金额是商品货款的 3 倍。例如，消费者通过支付宝成功购买了“家佳康”品牌的猪肉，金额为 100 元人民币，并且卖家加入了“假一赔三”。买家收到猪肉之后，到“家佳康”品牌专卖店进行检测，检测结果表明，该猪肉并不属于该品牌。买家就可以直接和卖家反映具体情况，并说明原因，如果卖家坚持认为该商品是正规行货，不给予退换货服务。买家就可以向淘宝网对该卖家进行投诉，并根据“假一赔三”的规定，向卖家索取 300 元人民币的赔偿。

3. 交易过程中的退款维权

买家在没有收到卖家发的商品之前，如果和卖家协商结果无效，可以申请退款维权，要求“淘宝小二”介入处理。淘宝平台会在消费者发起维权的 48 小时以内进行介入处理。

（三）第三方担保交易模式

1. 支付宝

支付宝是天猫“喵鲜生”为了解决卖家和消费者在淘宝平台进行交易的过程中出现的各种问题，保证买家资金安全所设置的一种特殊支付手段。买家在天猫“喵鲜生”平台购买生鲜商品时，要先把钱打到支付宝账户中，支付宝收到买家打过来的资金后，通知卖家在规定时间内发货。买家收到卖家快递过来的生鲜，检查商品没有问题之后，进行确认收货，支付宝就会将货款打到卖家的账号中，一笔网络交易就完成了。

2. 货到付款

第三方担保交易模式是为了保障消费者的正当权益。对于没有支付宝的消费者，淘宝网为了满足他们的需求，提供了货到付款服务。但是，只有加入了消费者保障服务的卖家才可以提供货到付款服务。

3. 卖家信息

卖家在店铺中展示有关信息，也可以增加消费者对卖家的信任度。店铺中展示的卖家信息主要由卖家信用、店铺动态评分以及店铺保障服务三个部分组成。

（1）卖家信用。买家和卖家通过支付宝在淘宝网平台交易成功之后，都可以对对方进行评价，也就是信用评价。信用评价的积分规则为：将信用评价分为好评、中评和差评，分别对应 1 分、0 分和–1 分。信用度评价：对淘宝网会员获得的评价积分总数相加，并在淘宝网网页上进行累积积分显示。评价时间：买家在确认收货后的 15 天之内，评价有效。

（2）店铺动态评分。店铺动态评分是指消费者作为淘宝网会员在淘宝网平台上购买生鲜商品并且交易成功之后，可以对商品交易的卖家进行评分，评分内容主要包括三个方面，分别是：宝贝与描述相符、卖家的服务态度、卖家发货的速度。这三项指标的分值为：非常满意，5 分；基本满意，4 分；还好，3 分；不满意，2 分；非常不满意，1 分。店铺动态评分计算方法为：如果卖家在 1~6 个月的得分依次为 13 分、17 分、24 分、52 分、45 分以及 10 分，那么，这位卖家的店铺动态评分就是这 6 个月评分的算术平均值：(13+17+24+52 +45+10)/6=26.83%。如图 6-5 所示，这位卖家宝贝与描述相符得分为 4.9 分，比同行业平均水平高 57.28%，卖家的服务态度得分为 4.9 分，比同行业平均水平高 51.23%，卖家发货的速度得分为4.9分，比同行业平均水平高43.49%。从这些数据中可以清楚地看到，该卖家的宝贝与描述相符、卖家的服务态度、卖家发货的速度三项指标得分明显高于同类卖家，说明该卖家的整体经营状况比销售同类产品的其他卖家要好。消费者在选择卖家时，更倾向于信任这样的店铺。

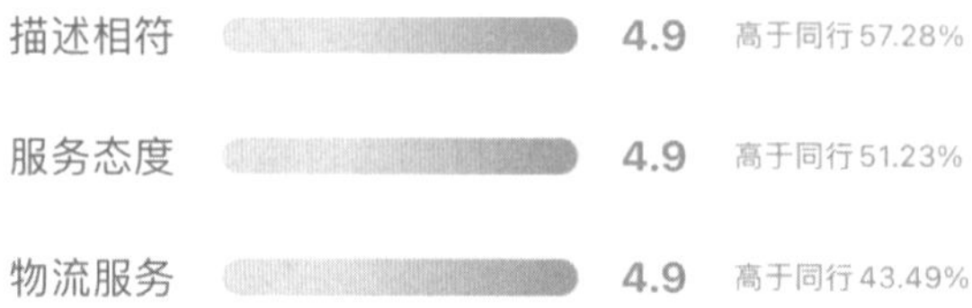

图6-5 店铺动态评分

（3）店铺保障服务。店铺保障服务是指卖家是否加入了消费者保障服务。如果卖家加入了，在店铺以及每件生鲜商品的详细信息中都有具体的说明，并且淘宝网上的统计数据表明，消费者在选择生鲜商品时，更倾向于选择加入了消费者保障服务的。因为相对而言，加入消费者保障服务的生鲜商品更有保障，也更安全，质量相对更高。在店铺保障服务中，可以清楚地看到，卖家的服务质量信息，主要包括以下几个方面。

①违规行为。卖家出售假冒伪劣产品，或者邮寄给消费者的货物商品描述不一致等违反淘宝规则的行为都会在店铺上展示。

②退款纠纷。如果消费者和卖家协调退款，就不算退款纠纷；而如果消费者和卖家就退款一事协商不好，需要"淘宝小二"介入处理，就算是退款纠纷。质量不可靠、货源不充足等都会导致退款。

③投诉纠纷。消费者通过支付宝成功付款之后，出现下列情况，卖家和消费者都可以投诉对方；卖家突然告知买家该产品暂不出售；消费者收到的货物与商品描述严重不符；消费者收到货物之后，不确认收货；卖家收到消费者的货款之后，仍然不发货；消费者恶意评价；消费者或者卖家恶意给予对方差评；卖家拒绝使用支付宝进行交易等。

④处罚情况。如果卖家没有遵守淘宝网的规则，被淘宝网处罚，也会在店铺中展示出来。为了进一步规范市场，淘宝网会对出售假货或者不诚信的卖家进行严重惩罚。

⑤投诉路径。投诉主要分为两种情况：一种是卖家投诉消费者；一种是消费者投诉卖家。

卖家投诉消费者：卖家可以登录淘宝网，选择"我的淘宝""我是卖家""已卖出的宝贝”进行投诉。卖家需要写清楚投诉的原因，是恶意评价还是恶意骚扰，并且附上一些以往聊天记录的截屏作为证据。卖家投诉的处理时间是在 7 个工作日以内，如果消费者符合恶意评价的投诉类型，卖家可以在交易成交当天对该消费者进行投诉，恶意评价的处理时间是 1 个工作日。惩罚规则为：如果卖家和消费者协商成功，淘宝网就会根据规则将本次投诉撤销；如果在 7 个工作日之内，消费者没有就投诉事件进行申诉，就会对消费者进行一级处罚，并删除消费者对卖家的恶意评价；如果在 7 个工作日之内，消费者就投诉事件进行申诉，卖家和消费者各执一词，就要对投诉的内容进行举证，督促评价双方协商处理，给予一级处罚，并删除有关的评价内容。

消费者投诉卖家：消费者在确认收货的 15 天之内，可以登录淘宝网，选择“我的淘宝”“我是买家”“已买到的宝贝”进行投诉，在售后服务类型中选择售后服务类型，填写售后要求，选择是需要退款，还是需要退货，并在补充留言中填写 300 字以内的留言，说明投诉的原因，并附上以往聊天记录截屏或者图片作为证据。买家提出售后服务要求之后，卖家要在 3 个工作日以内进行相应的处理。如果在消费者没有收到货物的前提下卖家诱导消费者确认收货、卖家拒绝使用支付宝或者恶意评价等，可以在交易成功当天就发起投诉，处理时间为 1 个工作日。淘宝网购信任机制的优点如表 6-8 所示。

表 6-8 淘宝网购信任机制的优点分析

卖家实名制	可以很快找到责任人
消费者保障金	很大程度上保障了卖家承诺的生鲜产品的服务和质量
引入第三方担保	可以使客户对店铺及卖家产生信任，不用担心付了钱而拿不到生鲜商品
应用信任评价系统	为客户购物提供参考意见
信息透明	让消费者更了解生鲜产品
权力更偏向于消费者	更好地保护消费者权利

淘宝网购信任机制也有其缺点所在，如信息不对称、职业差评师的出现，特别是对产品质量安全控制不严。

三、第三方平台的信任机制模型构建

《中华人民共和国食品安全法》第一百三十一条规定：“网络食品交易第三方平台提供者未对入网食品经营者进行实名登记、审查许可证，或者未履行报告、停止提供网络交易平台服务等义务的，由县级以上人民政府食品药品监督管理部门责令改正，没收违法所得，并处五万元以上二十万元以下罚款；造成严重后果的，责令停业，直至由原发证部门吊销许可证；使消费者的合法权益受到损害的，应当与食品经营者承担连带责任。”下面以生鲜产品在淘宝网购信任机制的分析作为立足点，再结合其优点和缺点，将从购物安全制度、商品信息库制度、信用评价制度、消费者保障金制度、买卖双方实名制制度以及法律配套措施着手，探讨生鲜网站信任机制模型的构建。

在生鲜网站信任机制模型中，所有的生鲜商家以及前来购买生鲜产品的消费者都要实施实名制，并且生鲜商家还需要缴纳消费者保证金，来确保消费者在本店消费过程中其正当权益不会受到损害。在信用评价体系中，详细记录了交易双方的诚信度。商品信息库有利于规范生鲜产品，并且引入第三方担保交易，可以确保消费者的正当权益不会受到损害。

（一）买卖双方实名制制度

在生鲜网购平台进行交易的双方都必须实施实名制，所有用户，无论是卖家还是消费者，都要在注册个人账号时提供有效的身份证号码、照片等。在平台上注册时要通过手机号码注册，为了避免部分用户利用身份证或者手机号码注册多个账号，生鲜网购平台需要限定一个身份证号码和手机号码只能注册一个账号，不能重复注册。如果卖家要在生鲜网购平台开店，还需要附加额外条件，需要卖家提供和本人身份信息完全一致的银行卡。申请开店之后，平台会自动打 1 元以内的钱到卖家银行卡上，卖家要将平台打的具体金额填写提交，只要填写正确就可以通过。之后，还需要卖家参与开店考试，如果卖家没有通过考试，则需要继续学习，并在 24 小时以后继续参加考试。如果卖家通过了此次考试，只需要完善店铺的有关信息，就可以开店营业了。

（二）保障金制度

生鲜网购平台可以针对所有卖家实施弹性保障金制度。所有生鲜卖家只要通过生鲜网站平台的实名制认证就可以在平台上开店。卖家开店不需要在支付宝账户中冻结或者缴纳任何费用，但天猫“喵鲜生”却需缴纳 5~15 万元不等的保证金。为了避免卖家在和消费者进行交易的过程中，损害消费者的正当权益，生鲜网购平台要对货款提现行为进行限制。消费者确认收货之后，不能立刻将货款支付给卖家，应该设置一个缓期提款功能，防止消费者确认收货几天后发现产品质量问题，可以联系卖家进行协商售后服务。如果卖家不提供有关的售后服务，生鲜网购平台就可以冻结买家支付给卖家的货款，使卖家无法提取货款，然后交由执法部门进行处理。执法部门可以根据消费者反映问题的真实性进行处理，如果消费者反映的情况属实，生鲜网购平台就可以直接把钱退还给消费者。如果消费者反映的情况不属实，卖家就可以提取货款。这样，不仅可以保障消费者的权益，还可以减少卖家的运营成本，不需要在支付宝中冻结部分资金，增强了资金的流动性。

（三）商品信息库制度

生鲜网站平台需要根据出售商品的信息制定一个统一的、全面的商品信息数据库制度，建立一个非标准生鲜商品数据库和标准生鲜商品数据库。卖家在发布标准生鲜商品时，需要选择商品的一些共同属性，确保标准生鲜商品中的同一类商品具有相同的商品介绍。在发布非标准生鲜商品时，卖家需要根据标准数据库适当修改商品的有关参数，并在生鲜商品介绍的显著位置标明，该商品属于非标准生鲜商品。这样，消费者在挑选商品时，信息的获取量就更多。消费者更加深入地了解商品的信息，掌握的信息量越大，购买的欲望也就越强烈。同时，建立商品信息库，还可以最大限度地减少生鲜网购市场的不确定性，有效地解决或者缓解消费者购买生鲜商品时由于商品信息不对称、不完善导致的怀疑心理。在生鲜商品信息数据库建设过程中，可以增设一个商品属性的反馈机制，不断完善数据库。如果生鲜商品信息数据库在交易过程中出现了问题，消费者可以通过这个平台提出意见，增强消费者普遍认同的商品属性。此外，建立生鲜商品信息数据库是为了进一步规范生鲜网购市场，在维护信息数据库的过程中可以引入法律配套措施，对卖家出售的生鲜商品信息进行有效监督。消费者在选择生鲜商品时，如果认为卖家发布的生鲜商品信息存在虚假行为，可以将该生鲜商品链接发送给法律部门，进行审核。法律部门可以根据该生鲜商品的属性、交易平台的规则以及生鲜商品信息库中的信息对该生鲜商品进行判定。如果该生鲜商品确实存在违规，就会将判定结果反馈给交易平台，由交易平台的工作人员根据违规的程度确定是删除该生鲜商品，还是对该生鲜商品信息进行相应的修改。

（四）购物安全制度

1. 第三方支付平台担保交易模式

生鲜网站可以在和消费者进行交易的过程中引入第三方支付平台来提供担

保。第三方支付平台在整个交易过程中需要保持绝对的中立，并且作为第三方支付平台对交易进行担保的企业需要经过政府的认证，从而确保该企业的安全性和合法性。消费者可以在交易过程中自由选择第三方支付平台进行付款，将需要支付的货款先交由第三方支付平台保管，付款之后，第三方支付平台就会通知卖家在规定时间内发货。如果消费者收到货物，确认货物没有问题之后，就可以确认收货，由第三方支付平台将货款打到卖家的账号中，交易完成。第三方支付平台购物流程如图 6-6 所示。

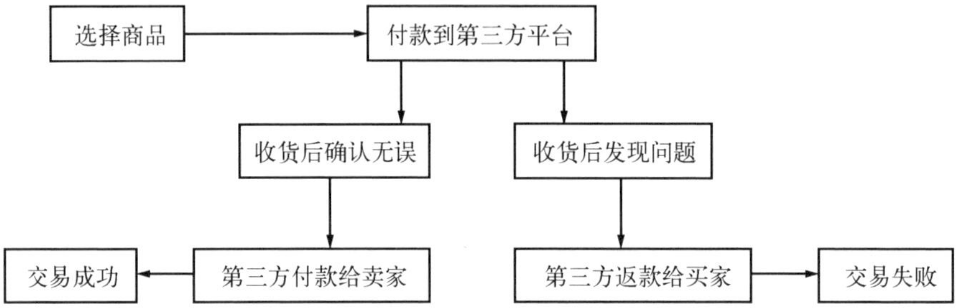

图 6-6　第三方支付平台购物流程

2. 货到付款

随着移动互联网的发展，网上支付变得更简单，但是也有部分消费者并不了解网络购物方式，不信任或者怀疑看不到实物的商品或卖家，也有部分消费者没有开通网上银行功能，没有支付宝账号，所以生鲜电商平台针对这类消费者提供了货到付款服务，来满足他们的消费需求。

货到付款不需要网上银行，也不需要消费者事先支付给卖家货款。消费者看到卖家快递过来的货物，并确认无误之后，再付款，这种交易模式更加安全可靠，同时也在一定程度上降低了消费者在网上购买商品的门槛。

参考文献

毕会娜，孟佳林，李春阳，2021. 生鲜电商新零售模式应用及其提升路径[J]. 商业经济研究，（22）：101-104.

曹祎遐，刘志莉，2017. 盒马鲜生生鲜行业“新零售”践行者[J]. 上海信息化，（6）：23-26.

常虹，叶盛恒，沈国聪，张爱荣，张健，宋国标，2021. 生鲜乳中抗生素检测技术要点分析[J]. 现代食品，（23）：89-92.

陈艳，张涵鑫，杨煜，2022. 考虑保鲜努力的生鲜混合双渠道供应链决策研究[J]. 商业经济研究，（6）：48-52.

陈志斐，2022. 区块链助力生鲜电商供应链协同发展[J]. 物流科技，45（1）：147-150.

崔后卿，2013. 农产品供应链风险管理研究[D]. 杭州：浙江工业大学.

戴孝悌，2015. 产业链视域中的中国农业产业发展研究[D]. 南京：南京农业大学.

戴薛甜，徐娜，赵林度，2022. 考虑保鲜努力水平的生鲜社区团购团长预售现售策略[J]. 物流技术，41（3）：50-57+68.

党良，左映平，2016. 生鲜农产品电商生存现状与发展趋势展望[J]. 轻工科技，（8）：121-123

豆丹丹，李利英，2021. 基于社区团购的县域生鲜农产品流通体系优化[J]. 商业经济研究，（20）：135-138.

段冬元，胡丽辉，2022. 共生视角下生鲜农产品供应链稳定性研究[J]. 山西农经，（6）：20-22.

冯燕芳，2021. “互联网+”环境下生鲜农产品供应链升级途径选择[J]. 价格理论与实践，（5）：140-143.

耿献辉，2020. 我国生鲜农产品流通渠道研究[M]. 北京：经济管理出版社.

顾永生，2019. 河南 LX 公司生鲜电商营销策略优化研究[D]. 郑州：郑州大学.

郭变茹，田贵捷，陈远方，2022. 生鲜食品冷链物流研究进展探讨[J]. 中国物流与采购，（1）：76-77.

韩珺辉，董硕，邵凯，姜弘，2021. 突发公共卫生事件下生鲜小店“破局之策”——基于生鲜电商的研究[J]. 现代商贸工业，42（27）：40-41.

郝丽，冯路，2022. “互联网+区块链”智能合约驱动下生鲜供应链风险管控机制[J]. 物流技术，41（3）：90-98.

黄挺亮，2018. 生鲜农产品电子商务模式研究[D]. 杭州：浙江理工大学.

黄泽颖，卢曼，2022. 我国生鲜猪肉包装正面标签研究进展[J]. 肉类研究，36（1）：63-68.

黄泽颖，2022. 我国超市生鲜农产品 FOP 标签的应用及运行机制设想[J]. 中国食物与营养，28（1）：34-38.

嵇雅楠，2022. 网购促销背景下生鲜电商供应链定价策略研究[J]. 物流科技，45（2）：140-144.

嵇雅楠，2022. 需求突增下生鲜电商供应链过度自信行为研究[J]. 内蒙古科技与经济，(5)：55-58.

贾妍，2021. 生鲜农产品供应链的构成与运行模式研究[J]. 现代农村科技，(9)：9-11.

贾兆颖，王哲璇，张金乐，王双进，2016. 美国、英国、日本生鲜电商行业发展模式对中国的启示[J]. 世界农业，(8)：39-42.

姜海锋，2019. 每日优鲜 3 年 1000 亿[J]. 时代经贸，(22)：98-100.

井深溃，2019. O2O 生鲜电商平台电子服务质量对购买意愿的影响[D]. 上海：华东师范大学.

孔祥坤，2021. “互联网+”背景下生鲜农产品品牌营销策略探析[J]. 农业经济，(11)：135-136.

李琳，朱婷婷，范体军，2022. 基于渠道差异的生鲜零售商定价和服务策略研究[J]. 管理工程学报，36(2)：173-181.

李梅，2021. 生鲜食品网络营销策略分析[J]. 北方经贸，(11)：52-54.

李美羽，朱艳新，王成敏，2021. 新零售背景下生鲜农产品供应链创新[J]. 河北民族师范学院学报，41(4)：104-110.

李琴，潘文军，2021. 生鲜产品电子商务与物流配送协同化平台构建[J]. 商业经济研究，(16)：90-93.

李晓璐，周曙光，2021. 我国生鲜商超零售业发展问题研究[J]. 商业经济研究，(23)：35-37.

李晓宇，张明玉，2009. 农产品物流供应链风险生成机制及预警模式[J]. 管理现代化，(4)：47-49.

李莹莹，李平，韦胜，屈廷啟，王伟平，2022. 天然食品防腐保鲜剂在生鲜湿面中的研究进展[J]. 食品研究与开发，43(1)：194-201.

厉无畏，王振，2003. 中国产业发展前沿问题[M]. 上海：上海人民出版社.

梁自胜，2021. 生鲜农产品电子商务发展存在的问题及对策[J]. 新农业，(20)：76-77.

刘红，2018. 生鲜电商企业商业模式分析[D]. 南昌：南昌大学.

刘慢，赵建欣，2022. 生鲜电商对生鲜农产品质量监控的动力机制研究[J]. 河北企业，(2)：105-107.

刘昙，2021. 电商环境下生鲜冷链物流发展模式与建设探讨[J]. 中国物流与采购，(18)：69-70.

刘雪梅，李照男，2011. 农产品供应链风险研究[J]. 农业经济，(1)：47-48.

刘阳，2021. 生鲜农产品冷链物流配送路径优化策略探讨[J]. 山西农经，(17)：168-169.

路以兴，2022. 生鲜农产品电商社区配送现状研究[J]. 食品研究与开发，43(3)：225-226.

罗丹，2021. “互联网+”环境下遵义县三岔镇生鲜农产品流通面临的困境及对策研究[D]. 西南大学.

罗敏怡，邓雨，杨新纪，2021. 疫情之下生鲜电商危机对策研究[J]. 轻工科技，37(9)：126-127.

浅秋，2018. 2018 上半年度 APP 分类排行[J]. 互联网周刊，(13)：14.

秦树新，2012. 基于精准营销的中国市场生鲜农产品品牌传播研究[D]. 兰州：兰州大学.

任娟，2022. 我国生鲜农产品冷链物流配送研究综述[J]. 物流科技，45(2)：150-152.

舒雍，2020. 生鲜电商的新零售之路[M]. 北京：电子工业出版社.

宋芳冰，2021. 生鲜电商的商业模式比较分析——以叮咚买菜和京东生鲜为例[J]. 现代商业，(36)：30-32.

宋茜，2020. 基于消费者感知价值的生鲜电商平台发展策略研究[D]. 长沙：中南林业科技大学.

宋翊铭，2022. 特色生鲜农产品电商销售渠道的问题与对策研究——以烟台福山大樱桃产区为例[J]. 农业与技术，42（6）：178-180.

汤礼广，2017. 生鲜电商全产业链协同创新发展研究[M]. 合肥：合肥工业大学出版社.

唐跃武，范体军，程永伟，2022. 基于不同保鲜方式的生鲜品定价订货决策[J]. 中国管理科学，30（3）：189-198.

汪普庆，杨赛迪，薛冰，蒋勇，2021. 基于诚信问题的生鲜电商交易主体博弈研究[J]. 武汉轻工大学学报，40（5）：90-96.

王岚，白惠，2022. 区块链助力生鲜电商全流程业财管理探析[J]. 会计之友，（7）：155-160.

王美玲，2019. 生鲜农产品电商的消费者偏好研究[D]. 北京：中国农业科学院.

王沛景，宋跃刚，2022. 我国生鲜电商市场营销模式：演化、困境及出路[J]. 商业经济研究，（8）：102-104.

王廷勇，杨光情，杨丽，2022. 基于互联网的多元化生鲜农产品零售模式分析[J]. 商业经济研究，（2）：24-27.

王卫平，2021. 生鲜农产品冷链物流的耗损控制研究[J]. 中国商论，（24）：77-79.

王萱，2022. 生鲜农产品电子商务发展中的困境及对策分析[J]. 全国流通经济，（2）：25-27.

王莹，2022. 乡村振兴战略下生鲜农产品智能物流发展研究[J]. 物流工程与管理，44（1）：101-104.

王悦，2021. 我国农村生鲜产品电商水平指标评价及发展策略[J]. 内蒙古财经大学学报，19（5）：131-135.

王云，2021. 生鲜农产品电子商务消费者满意度影响因素的实证分析[J]. 商业文化，（29）：54-56.

王治山，2022. 横向无优势，生鲜电商的空间越来越小[J]. 商业观察，（1）：6-9.

王治山，2022. 为何生鲜电商们争相启动上市[J]. 商业观察，（8）：6-8.

乌云花，黄季焜，2014. 生鲜农产品的市场供应链研究[M]. 北京：中国农业大学出版社.

伍景琼，黄文骁，李丽娇，巴雪琴，2022. 电商环境下考虑农户收益的生鲜农产品上行模式研究[J]. 中国市场，（12）：10-13.

向南，田懿行，陈红华，2021. 基于消费者视角的生鲜零售业态演变影响因素分析[J]. 中国流通经济，35（10）：3-11.

向南，张磊，陈红华，2021. 中国生鲜产品零售业态演变的宏观影响因素分析[J]. 技术经济与管理研究，（12）：113-117.

向嵬，2021. 物联网技术在生鲜蔬菜冷链物流中的运用探析[J]. 数字技术与应用，39（8）：39-41.

肖展鹏，杨玉中，乔张斌，2021. 基于数量损耗的生鲜电商供应链协调研究[J]. 科技和产业，21（8）：123-129.

谢培菡，汪淑群，胡伟南，聂乐玲，2020. 新冠疫情下生鲜电商面临的机遇、挑战及应对策略[J]. 当代农村财经，（8）：5-10.

邢惠淳，2019. “新零售”背景下生鲜电商商业模式比较分析——以盒马鲜生和每日优鲜为例[J]. 商业经济研究，（4）：85-87.

邢江波，2012. 电子商务环境下生鲜农产品物流同城配送网络优化[D]. 大连：大连海事大学.

徐翔，2019. 不再只卖生鲜的每日优鲜[J]. 中国储运，（7）：40-41.

许笑雨，2017. 生鲜社区 O2O 电商运营模式研究[D]. 南京：南京邮电大学.

宣博，2018. 生鲜电商运营模式案例分析[J]. 合作经济与科技，（3）：92-94.

颜波，石平，丁德龙，2014. 物联网环境下的农产品供应链风险评估与控制[J]. 管理工程学报，（3）：196-202.

杨天巍，2021. 生鲜冷链物流配送管理优化研究[J]. 投资与创业，32（19）：153-155.

杨晓娜，李玉峰，范丹丹，2021. 基于消费者感知价值的生鲜农产品渠道选择策略[J]. 世界农业，（11）：56-65+90.

易祎晨，史言信，2022. 疫情常态化下生鲜电商物流服务质量提升研究[J]. 江西财经大学学报，（1）：65-75.

于亦文，赵召华，2011. 农产品供应链风险形成机理研究[J]. 物流科技，（2）：95-97.

郁晓，2016. 浙江省生鲜电商与跨境电商创新模式探究基于遂昌模式和速卖通模式的深度分析[M]. 北京：经济科学出版社.

袁运生，2022. 我国生鲜乳购销合同执行现状及存在问题分析[J]. 中国奶牛，（1）：38-40.

昝梦莹，陈光，王征兵，2020. 我国生鲜电商发展历程、现实困境与应对策略[J]. 经济问题，（12）：68-74.

张诚，张广胜，2012. 农产品供应链风险影响因素的 ISM 分析[J]. 江西社会科学，（3）：53-57.

张春玲，贾森森，2021.新零售背景下生鲜电商前置仓模式存在问题与对策研究[J]. 经济论坛，（10）：134-141.

张富强，2021. 互联网经济下的生鲜电商企业财务管理[J]. 中国乡镇企业会计，（11）：66-67.

张竞予，迟香圯，梁嘉仪，孙诗雨，2022. 生鲜电商平台的兴起对实体店的影响问题研究[J]. 商场现代化，（2）：1-3.

张科静，马曼琼，2021. 考虑生鲜电商退货的双渠道供应链协调研究[J]. 东华大学学报（自然科学版），47（6）：116-123.

张沙林，李双梅，张得志，王星星，2022. 生鲜品的社区智能投递系统设计[J]. 中国储运，（2）：178-179.

张思光，2015. 生鲜农产品电子商务研究[M]. 北京：清华大学出版社.

张太宇，2018. 农产品网店运营实用技术[M]. 北京：北京邮电大学出版社.

张泽建，王晓东，吴迅，2021. 电子商务环境下生鲜农产品供应链模式创新[J]. 物流技术，40（10）：84-88.

赵冕，2015. 生鲜产品电子商务模式研究[D]. 青岛：中国海洋大学.

郑建清，2018. 城市生鲜电商运营策略研究[D]. 泉州：华侨大学.

郑艺，徐耀群，邱泽国，2021，. 基于区块链技术的生鲜农产品溯源研究[J]. 哈尔滨商业大学学报 37（4）：506-512.

只井杰，2021. 生鲜农产品社群营销的优势、挑战及对策[J]. 农业经济，（10）：135-137.

邹筱，任香翼，2021. 生鲜农产品零售企业与第三方物流企业演化博弈分析[J]. 吉林工商学院学报，37（5）：18-23.

邹筱，王天娇，2021. 生鲜冷链物流现状及问题分析——以江苏省为例[J]. 技术与市场，28（9）：163-164.